弱小ブログでも
月50万円
が可能！

〝ニーズ
ドンピシャな
見込み客〟だけ
を集める

# ブログ集客の仕組みづくり

丹 洋介

Tan Yosuke

ぱる出版

# はじめに

はじめまして。本書を手に取って頂きありがとうございます。

私がこの本を通じてあなたに提供するのは、**あなたの商品を買う可能性が高い〝ニーズドンピシャな見込み客〟だけを、ウェブから効率良く狙い撃ちで集める自動集客の仕組みの作り方**です。

それだけではありません。今後のあなたの事業のより一層の成功を、運や、感覚や、経験などといった不確定なものに委ねることなく、**〝それを行う理由〟**や**〝その選択をする理由〟を明確に説明できるほどロジカルに展開していく方法**についてもお伝えします。

私は、本書を執筆している2023年の時点で起業してから12年になります。おかげさまで今でこそ、毎月公式ＬＩＮＥの友達を自動で１、１００名以上コンスタントに増やしたり、利益率96・４％の自社商品を単月で１千万円以上売り上げたり、月間３万ＰＶ程度のブログから月５００万円以上売り上げたり出来るようになったものの、この12年の間に本当に多くの失敗も経験しました。

２０１０年１月。起業する約１年前から、サラリーマンのままウェブを使ってビジネスを開始したのですが、会社を辞めて起業した頃はまだ、月の売上が35万円前後でした。

あの頃の私は、どんな企画を打てばもっと集客が出来るのかとか、どうやれば自分の商品が売れるのかとか、そんな自分本位なことばかりを考えて右往左往していました。

要は、感覚や勘のようなフワフワしたものでビジネスをやってしまっていたわけです。

あなたもご存知の通り、事業を成功させるためには、そんな自分本位なことを考えている暇があったら、１秒でも多く、**見込み客が何に悩み、何を怖れ、何を欲しているのかを突き詰める方に頭も時間も使うべき**ですよね。

そのことに当時の私は気づけず、月の売上が大きく伸びないまま、悶々とした時期を長らく過ごすことになりました。

私の場合、その後、人との出会いによってブレイクスルーを果たすことになるのですが、それは〝運〟のお陰でしかありませんよね。

自身の力や実績に慢心せず、今うまくいっているのは他者や運のお陰だと感じられるマインドはものすごく大切ですが、こと事業において「その出会いや偶然がなければ上手くいかなかったかもしれない」といった**〝運〟の要素を介在させることは、とてもリスキーなこと**だと思います。

というのも、この12年間で、世の中には2種類のビジネスがあることが分かりました。
1つは、成功に〝運が必要〟なビジネス。
もう1つは、成功に〝運が必要ではない〟ビジネスです。

例えば、誰よりも早く新市場に気づいて参入したり、画期的な新技術をどこよりも早く開発したり、リリースしたサービスがドンピシャで時流に乗ったり、疫病や天変地異など予期せぬ出来事が自身の事業の追い風になったり、人脈やコネのおかげでレアな情報が聞けたり、莫大な融資が引けたり、独占的な仕入れ契約を結べたり――などなど。

成功のためにこれらが必要となるビジネスは、文字通り〝運〟が必要なビジネスです。

あなたが何か大きな「志」を成し遂げるためにやらねばならないことがあるとか、世の中にイノベーションを起こすビジネスがしたいということであれば、こういった〝運〟の要素のいくつかを実現させて、集客力や、販売力や、商品力に大きくレバレッジをかける必要があるでしょう。

しかし、多くの事業者が悩んでいる、「売れない・集まらない・良い商品（仕入れ）がない」ような事業フェーズにおいては、〝運〟などに頼らずとも、知識とスキルと意志によって事業をもっと大きくすることが可能です。

なぜなら、**年商数千万円～1億円を目指す段階においては、圧倒的なセールス力も、圧倒的な集客力も、圧倒的な商品力も必要ない**からです。

これは、私が起業してからの12年間に、私自身が取り組んで失敗したり成功したりした経験はもちろん、ビジネススクールの生徒さんや、経営者の先輩や友人など、5千名以上の方のビジネスを見てきた経験から確信しています。

では、〝運〟が必要ない代わりに一体何が必要なのか？

ズバリ、**〝適切なマーケティング〟**です。

「あれ？　これって集客の本じゃなかったっけ？」と、思われたかもしれませんが、ご安心ください。ちゃんと集客の本です。

ただし、〝運〟などといった不確定なものに頼ることなく、**誰もが高い確率で、より理想通りの成果を上げられるように、マーケティング的な感覚を持ってウェブ集客を実践していくための集客の本**です。

と言っても、本書では小難しいマーケティング用語をバンバン出したり、学術的で冗長な説明をつらつらとしたりするようなことはしていません。あくまで**〝お金を稼ぐための人の集め方〟を、実践的な作業にまで落とし込みながら、それを通してマーケティングに**

**ついてもお伝えします。**

そうそう。ここで私は1つあなたに謝らなければいけないことがあります。

私はここまでの話で少しだけ〝嘘〟をつきました。

実はビジネスを成功させるために、1つだけ、必ず運が必要になる場面はあります。

それは、**運が必要でないビジネスの取り組み方に気づけるかどうか？** という点です。

経験によって気づけるかどうかも運ですし、知識として知ることができるかどうかも、やはり運でしかありませんからね。

ただ、この点についてはもう安心ですね。あなたはこうして、本書に出会って頂けましたから。

さあ、さっそく、運や感覚や勘などに頼ることなく事業を成功させられる秘密を、共に解き明かしていきましょう。

目次



## PART 1 パソコン1台で見込み客を集め続けられる仕組みとは？

## PART 2 集客から売上にまでつなげる専門メディアの作り方

## PART 3 見込み客が集まり続ける記事の書き方

## PART 4

# 記事を投稿してからが本当のスタート




●ブックデザイン・図版・DTP
吉崎広明（ベルソグラフィック）
●本文・カバーイラスト　sasadai/shutterstock
●企画協力
ネクストサービス株式会社（代表 松尾昭仁）
●編集　岩川実加

## PART 1

# パソコン1台で
# 見込み客を
# 集め続けられる
# 仕組みとは?

# 01

# 「集客＝SNS」から脱却しよう

「集客と言えば、まずはやっぱりSNSだよね！」

短文や画像、音声、動画など、様々な形で発信しつながるSNSが、私達の日常に溶けこんで久しいですが、「集客＝SNS！」と、あなたがもし考えていらっしゃるのだとしたら、一度立ち止まって考えてみて欲しいことがあります。

それは、**〝あなたの事業のウリは、ビジュアル訴求できるものか？〟**ということです。

例えば、あなたがアパレル商品を扱っているのであれば、あなたの事業のウリは存分にビジュアルで訴求できるものと言えるでしょう。

また、清掃業者であれば、清掃後のキレイになった場所やモノを見せることで、十分にビジュアル訴求できると言えます。

しかし逆に、**ビジュアル訴求しづらい商品やサービスを扱っている場合は、いきなりSNS集客から取り組んでしまうのは極めて非効率**です。

例えばあなたが「カウンセラー」をやっているとしましょう。「カウンセリング」というサービスは、そのメリットや信頼性をビジュアルではアピールしづらいですよね。

こういった場合、強引にSNS集客をやろうとすると、例えばカウンセラー自身のキャラクターをウリにしたり、投稿をバズらせたりすることでまず有名になろうとするパターンが多いのですが、それが実現できたところで事業的にはあまり意味がありません。

なぜなら、そこで集まってくる人たちは、あなたのカウンセリングに興味がある人たちではなく、そのキャラクターを面白がったり、バズった投稿に興味があったりするだけの人たちだからです。

では、こういった〝ビジュアル訴求が苦手な事業〟の集客をしたい場合、どうすれば良いのでしょうか？

ズバリこれこそが、これからご説明していく**「ニーズ先行型集客」**です。

ＳＮＳでの集客は、フォロワーやチャンネル登録者数などといった「人数」が可視化される分、派手で魅力的で、どうしても目を惹きがちであることは、私も強く共感するところです。

しかし、あなたが今それで満足のいく結果が出ていないのであれば——むしろ、全く上手くいっていないと感じているのであれば——。

これからお伝えする「ニーズ先行型集客」が、あなたの事業の救世主になるはずです。

# 02 ニーズ先行型集客とは？

「ニーズ先行型集客」とは、文字通り〝ターゲットのニーズ〟を出発点として集客をする方法です。

ご存知の通り〝ニーズ〟とは、ターゲットが求めているもの、渇望しているもののことです。

例えば、「痩せたい」「お洒落になりたい」「美味しいものが食べたい」「受験に成功したい」「旅行先で失敗したくない」「プレゼンを成功させたい」「恋人と上手くいきたい」「壊れた腕時計を直したい」「歌が上手くなりたい」ｅｔｃ……

こういった、あなたの事業のターゲットが抱えているニーズ。この**〝ニーズ〟からターゲットの属性を絞り、各事業にとって最適化された集客を実現させる方法が「ニーズ先行型集客」**です。

例えば、先ほどの「ＳＮＳ集客」でカウンセリングサービスの集客をしようと思った場合、基本的には次のような展開になります。

① アカウント（運営者）のキャラクター・投稿を多くの人に向けて露出させる
② アカウント（運営者）のキャラクター・投稿に興味を持ってくれた人たちが集まって来る
③ ②の一部の人がプロフィール欄を見るなりして、カウンセリングサービスの存在や内容を知る
④ ③の中でカウンセリングに興味がある方から問合せｏｒ申込みがある

こんな流れですね。

仮に②で大きく集められたとしても、③でしっかりと興味を持ってくれる方はそう多くありません。

なぜなら、あくまでこの方法で集まった人たちは、あなたのキャラクターや投稿に興味を持っただけの人たちであり、カウンセリングに興味がある人たちではないからです。

要は、**ほとんどの人たちはただの野次馬でしかない**ということですね。

では、これがニーズを出発点とした集客方法だったらどうなるでしょうか。

「ニーズ先行型集客」の場合、次のような展開になります。

① カウンセリングをある程度必要としている人たちだけを集客する
② カウンセリングサービスの内容や、それを受けるとどうなるか？　などを説明する
③ 興味があれば問合せｏｒ申込む

①の時点で、すでにカウンセリングを必要としている人たちを集めているわけですから、②のカウンセリングサービスについての説明をした時点で、多くの方が興味を持ってくれるでしょう。そして当然、③での成約率も高くなることは容易に想像できると思います。

つまり端的に言えば、**ニーズ先行型集客は、成約につながりやすい〝見込み客だけ〟を積極的に集めることができる集客手法**だということです。

03

# 見込み客を集めるには圧倒的にニーズ先行型集客が有利

全ての商売は、お客様の何かしらの〝ニーズ〟を商品やサービスで満たすことで、その対価を得ています。

ニーズ先行型集客は、文字通りターゲットの「ニーズ」を狙い撃ちして集客するため、**必然的に成約に結びつきやすい、本当の意味での「見込み客」だけを集客することが可能**です。

例えるならば、SNS集客は、あなたのサービスに興味を持つ人が〝偶然〟お店の前を通りかかるのを運頼みで待っていることしか出来ないのに対し、ニーズ先行型集客は、あらかじめサービスに興味があると分かっている人だけをこちらから〝積極的〟に呼び込んでいくことが出来るようなイメージです。

SNS集客

ニーズ先行型集客

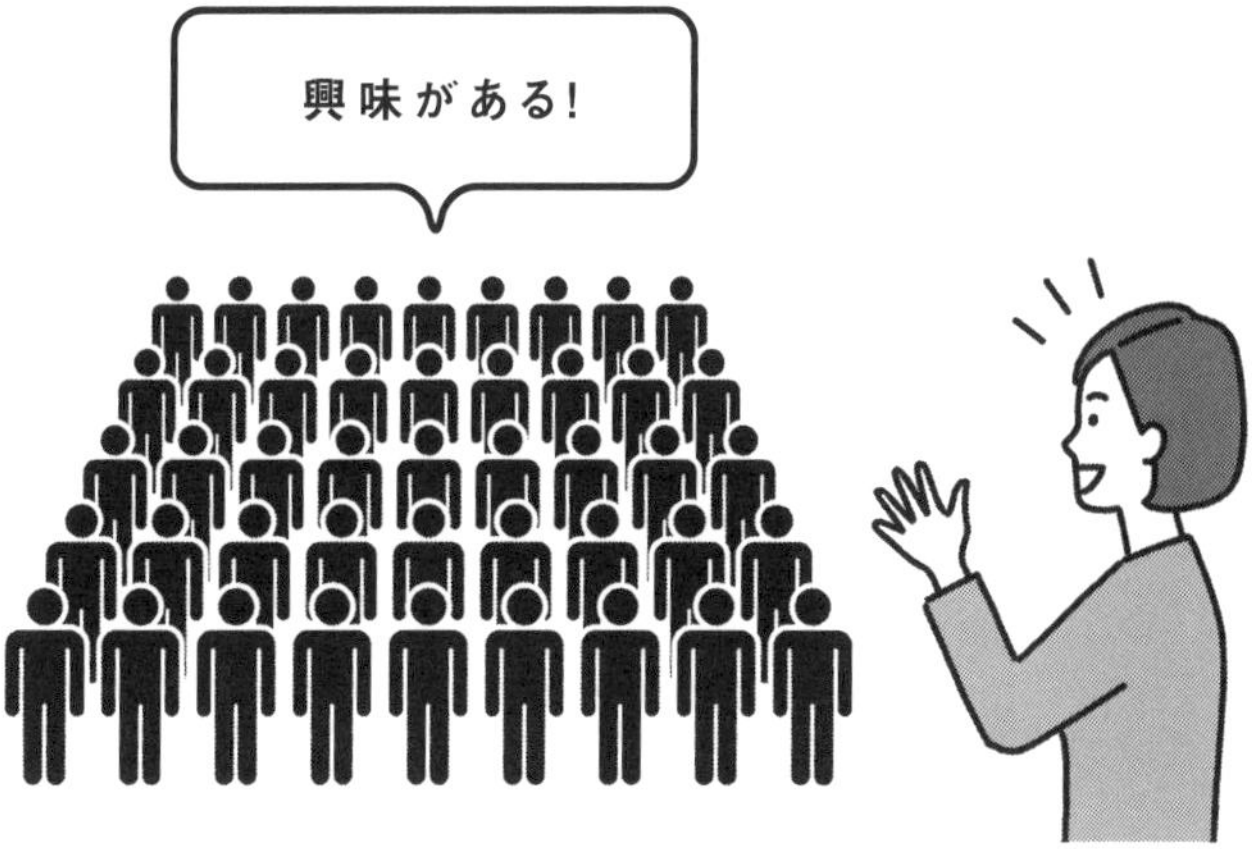

もちろん、すでに事業規模が大きかったり運転資金が潤沢にあったりする場合には、偶然や運頼みであっても、とにかく1人でも多くの人に露出させることが可能な前者の集客法に取り組むのもアリでしょう。

しかし、まだ事業立ち上げ間もない頃や、まだ軌道に乗っていないと感じている場合、具体的な数字を挙げるならば、年商が最低でも1億円を超えていないような場合には、**まずは後者の集客法だけに集中し、集客にかける時間対効果および労働対効果を高めるやり方で効率的に取り組むべき**です。

その方が、圧倒的に結果が出るまでのスピードは速くなりますし、時間対効果・労働対効果も桁違いに高くなります。

まだあなたも半信半疑かもしれません。ですが、現時点で信じられなくても大丈夫です。まずはこのまま本書を読み進めてみてください。

# 04

# 〝ニーズ〟ドンピシャな見込み客を集めるには？

「ニーズ先行型集客が効果的なのはよく分かった。だけど、具体的にはどうすればそれが出来るの？」と、あなたも思っている頃ではないでしょうか。

では、具体的に〝ニーズを狙い撃ちして集客をする〟ためには、どうすれば良いのでしょうか。

ズバリ、**「検索キーワード」を活用**します。

検索キーワードとは、あなたの事業のターゲットが、自身の悩みや望みを解決・解消するためにスマホやパソコンに打ち込む「調べものキーワード」のことです。

例えば、「朝早く起きる方法」「エアコン カビ」「暖房 暖まらない」「ロレックス 修理」「ディズニー 効率の良い回り方」「テント 張り方」「スタッドレスタイヤ 保管 おすすめ」

「営業力 上げるには」などなど。

このような〝悩みを解消するためのキーワード・願望を叶えるためのキーワード〟を、ウェブブラウザーやアプリに打ち込んで調べものをしますよね。

こういったキーワードが、「検索キーワード」と呼ばれるものです。

この「検索キーワード」がどのように集客に役立つのか？　と言うと、**検索キーワードはそっくりそのまま〝ターゲットのニーズになっている〟**ということが重要なポイントです。

もっと簡単に言うと、**これらのキーワードは〝ターゲットの悩みや願望が言葉になったもの〟**だと言えるのです。

例えば、「朝早く起きる方法」と検索している人は、朝が弱くて悩んでいる可能性が高いですし、「暖房 暖まらない」と検索している人は、エアコンやヒーターが効きづらくて悩んでいる可能性が高いことが分かりますね。

ということは、もしあなたの事業で「朝が苦手な方をサポートするようなサービス」を提供していた場合、「朝早く起きる方法」と検索している人にアプローチすることができれば、サービスに興味を持ってもらえる可能性は高いと言えますよね。

また、もしあなたが断熱ガラスや加湿器の販売をおこなっているのだとすれば、「暖房暖まらない」と検索している人にアプローチできれば、こちらも即座に興味を持ってもらえる可能性は高くなるわけです。

もちろん、検索キーワードからニーズを読み解く方法はこんなに単純ではありません。しかし、ここで詳しく説明してしまうとややこしくなるので、さらに踏み込んだやり方については第3章でご紹介します。

ともあれ、このように「検索キーワード」というものは、検索する人の「ニーズ」が直接的に言葉として表れたものになっているということです。

それゆえに、集客に取り組む上で**「検索キーワード」を活用しターゲットを正しく絞り込むことにより、あなたの商品やサービスに高確率で興味を持ってくれる見込み客だけを積極的に呼び込むことが出来るようになる**というわけです。

05

# ニッチ分野のターゲットでさえ狙い撃ちで集客可能に

検索キーワードを活用し、ニーズが確定した見込み客を集客することで享受できるメリットはそれだけではありません。

分かりやすい例として、「フィットネスクラブ」での集客を考えてみた場合。

特に何も考えず広く集めようとすると、その絶対数の多さゆえに高確率で「痩せたい人」が多く集まるであろうことは想像に難くないですよね。

逆に、「太れず悩んでいる人」は、その絶対数がそもそも少ないために、痩せたい人に比べ集まりづらいわけです。

しかし、もし仮にあなたが「身体を大きくするためのパーソナルトレーニング」や「太るための食事サポート」などのサービスを販売しているのだとしたら、痩せたい人ではなく、「太れなくて悩んでいる人」を多く集めたいと考えるでしょう。

「痩せる商品」に対して、「太る商品」というのは、いわゆる〝ニッチ市場〟です。

このような**ニッチ市場を攻めたい場合でも、検索キーワードを活用した集客は強力**です。

なぜなら、例えば「痩せ体質 改善」「太り方」「太れない」「どうすれば太れる」など、こういったキーワードで検索している人たちを集める仕組みを作ることで、普通であれば集めづらい〝太れなくて悩んでいる人〟だけを、集中的かつ大量に集客することも可能になるからです。

06

# ニーズ先行型集客を始めるには？

ニーズ先行型集客が、いかに可能性を秘めた集客方法なのか、すでにあなたもお気づきのことと思います。

では、ここからもう一歩踏み込んで、「ニーズ先行型集客」を開始するためにはどうすれば良いのでしょうか。

**この集客術を実践するために使うものは、「ブログ」**です。

「――え、今さらブログですか？」

と、もしかしたら思った方もいらっしゃるかもしれません。

アメブロでの芸能人ブログが流行ったのが２０１０年以前ですから、もはや時代遅れの化石メディアのようなイメージをお持ちの方もいらっしゃることでしょう。

しかし、どうぞご安心ください。

廃れているのはあくまで「個人の日記」を綴ったような、旧態依然とした使い方の「ブログ」だけで、**未だにブログメディアは集客において健在**です。

廃れたブログと、未だに集客できるブログの〝違い〟は何なのか?――と言えば、もうお分かりですよね。

見込み客のニーズをキャッチできるブログか、そうでないブログか? の違いです。

ただ、「ブログ＝時代遅れのメディア」という認識があるのは、ある程度仕方がないことだと思っています。

なぜなら、これまでに数千名の生徒さんと向き合って来た中で、多くの方は「ブログ」に対してネガティブなイメージを持っていたからです。

それは例えば、誰も興味を持たないような「一般人の日記」というイメージや、趣味や何かについての独善的な「持論」が書き綴られたものというイメージなどですね。

そのネガティブなイメージ通り、これらの形式でどれだけブログを続けていたとしても、その著者が芸能人のようによほど有名にならない限り、理想的な集客は絶対に実現できません。

そして、万が一その形で集客が出来るようになったとしても、その集客はＳＮＳでの集客と同じ性質のもの……。

つまり、日記や持論の展開をしているだけのブログでは、たとえ月間に１００万回見られるブログに育ったとしても、絶対にニーズ先行型集客を実現することは出来ないということです。

では、ニーズ先行型集客を実現するためにはどのようなブログを作っていけば良いのか？ と言うと――、**特定の分野についての需要のある情報を、あなたの価値観と共に網羅的に載せたブログ**です。

これを本書では、**「専門メディア」**と呼びます。

ターゲットとなるユーザーの、「○○について知りたい！」や「○○するにはどうすれば良いんだろう?」といった検索ニーズを、文字通りしっかりと満たし解決することはもちろんですが、その上でさらに、**あなたの価値観が伝わるメッセージもしっかりと盛り込まれていることが大切**になります。

そんな**「専門メディア」をウェブ上に公開しておくことで、あなたの提供するサービスとニーズが合致している見込み客だけを確実に呼び込む**ことが出来るようになるというわけです。

この詳しい作り方についてはまた第2章でお伝えしますが、専門メディアの構築には「ブログシステム」を使って、ウェブの知識がない方でも簡単にウェブサイトを更新できるようにします。なので、便宜上「ブログ」と呼んでいるにすぎません。

実はあなたがよく見ているあの有名なネットショップも、あの豪華な公式ホームページも、スタッフが管理しやすいようにブログシステム(正確にはCMSと言います)を使って構築されていることが多いですからね。

## 07

# Googleが開ければ誰でも今日からすぐに始められる

ウェブを活用して、見込み客が自動で集まる仕組みを作れる、という話をすると、

「パソコンが苦手だから私には難しそう……」

「プログラムとか書けないとダメなんじゃないの？」

などと言われることがあります。

しかし、あなたの事業のニーズに完全合致した新規客を集めるために、そんなものは一切必要ありません。

**スマホやパソコンからGoogleを使って〝検索〟が出来るならば、誰であっても実践可能**です。

先ほど「ブログシステムを使って簡単に出来る」という話をしたので、勘のするどいあなたならピンと来ていらっしゃるかもしれませんね。

そう。Googleなどの「ウェブブラウザー」から、ブログの更新をされたことがある方ならよく分かると思いますが、パソコンを使って文字を打ち込むことさえ出来れば、あとは簡単な操作方法などに慣れていくだけで、簡単にウェブサイトは作ることが出来ます。

そしてそこに、本書でお伝えしていく「専門メディア」としての体を成した記事コンテンツを投稿し、あなたのメッセージをウェブ上の資産として積み上げていきます。

これによって、あなたが他の業務にかかりきりになっている間も、仕事を休んでいる間も、連休に家族と旅行に行っている間も、伝染病などで体調を崩している間も、部外者からのいわれのない誹謗中傷に落ち込んでいる間も、**専門メディアには見込み客自らが望んでアクセスし、24時間３６５日休まず集客し続けることが可能**となるのです。

08

# 集客成功のためにあなたやメディアが有名になる必要はない

ブログ集客で結果を出そうと考えた時、自分のブログや自分自身が有名にならなければ、検索すらしてもらえないのでは？　と考える方は多いです。

しかし、あなたもお気づきの通り、**ニーズ先行型集客を実現するために、あなた自身やブログはもちろん、お店や商品も、何もかも、一切有名になる必要などありません。**

あなたがこれから作っていく専門メディアは、検索エンジンから「ブログ名」や「あなたの名前」や「お店の名前」、「商品名」などで検索されて集客を実現するわけではないからです。

見込み客が検索時に打ち込むキーワードは、そんな直接的なものではなく、例えば「背中 鍛え方」「賃貸 退去時 穴」「ポルシェ 板金」「テレビ 録画 おすすめ」「ギター 速弾き練習法」「株 儲け方」などといった、見込み客の個人的な悩みや願望です。

つまり、見込み客からすれば、あくまで〝たまたま〟その検索結果にあなたのメディアが表示され、記事タイトルを見て気になったからアクセスするだけであり、それが誰のメディアであろうが、それをどんな人物が運営していようが、どんな商品を扱っていようが、良い意味で全く関係ないわけです。

それゆえに、**あなた自身が全く有名にならずとも、誰も聞いたことのない無名ブログであろうとも、ファンもSNSのフォロワーも0人だったとしても、全く問題なく集客を実現することは可能**だということです。

では、何が集客の実現に必要になるのかと言うと、純粋に「質の高い記事」です。

と言っても、文章の上手さや面白さなどといったフワフワしたものではありません。

具体的には、あなたの見込み客にとってニーズのある話題（検索キーワード）を扱っていて、その記事の中でしっかりと検索ニーズを満たしていて、なおかつそれが、ＡＩの書く文章や辞書のような淡白で無機質なものではなく、筆者の価値観や主張が盛り込まれていて、画面の向こう側にいる〝あなたという人物が見える〟記事です。

見込み客があなたのメディアに訪れるのは、〝たまたま〟ですが、あなたはその偶然の出会いをきっかけに必然的に商品購入につなげたり、問合せをもらったり、ＬＩＮＥやメルマガに登録してもらったりと、あなたのビジネスに〝狙って〟つなげる必要があるわけです。

**その時に重要となるものが、あなたの価値観であり、主張**です。

# 09 あなたならではの主張が集客につながるワケ

主張とは、善悪の判断であり、こだわりであり、偏りであり、想いです。

そして、それらは、**「メッセージ」とも言い換えることが出来ます。**

「自宅のこの部分の清掃はお客様自身でも確かに出来るし、多くの人は実際にそうしている。だけど、素人がやってしまうと徐々に傷が付いて、長い年月で考えた場合には自宅の資産価値が落ちてしまうからこそ、出来ることならプロにお願いして欲しい」

「よくこういう痩せ方が推奨されるけど、そのやり方で痩せた人の多くは、数年後に後悔することが多い。なぜなら、その痩せ方には○○なデメリットがあるから。だから、そのやり方ではなく、今日ここで伝える方法で目指して欲しい」

「一般的にはこれが必要だと言われているけど、正直それを使っても使わなくてもそんなに変わらないし、ここにお金をかけるくらいならもっとかけるべきものがあるから、他の情報に惑わされず、ここではあえて使わない選択をして欲しい」

「初心者の内はこの部分にお金をかけることをもったいないと思いがちだけど、最初にお金をかけておくことによって、1年後2年後の成長速度が本当に変わってくる。だから、出来ることならここにこそお金をかけて欲しい」

などなど。このような、**あなたの価値観や主張が伝わる言葉は、文字通り〝あなたならではのメッセージ〟**です。

**こういったメッセージを、専門メディアの記事の中——もっと言えば、メディア全体を通して伝えていくことで、サイト訪問者の満足度は高くなる**のです。

これは、実際に想像してみて頂ければよく分かります。

例えば、次のような営業トークを展開している営業マンがいたとしたら、あなたはどう感じるでしょうか。

営業マン「Aのメリットは長く使えること、Bのメリットは安さです。あとはお客様の価値観次第ですね」

実にハッキリしないですね。情報を並べるだけならスマホで調べた方が速いですし、せっかくの楽しいショッピングなのに、ワクワクするどころか、真剣にこちらのことを考えてくれていない印象を受けますし、信頼をなくしてしまいそうです。

ではこれに対し、次の営業トークならいかがでしょうか。

営業マン「Aのメリットは長く使えること。Bのメリットは安さで、多くの方は長く使えるAを選ばれます。ただ、1年ほど経った段階で趣味が変わり後悔する方も正直多くいらっしゃるんです。

だからこそ、最初はあえて手軽なBを買っておいて、それを1年使ってみた時の熟成された価値観でもって、AでもBでもない、また別のより良い第3の案を選ばれる方が、私は断然オススメです」

といった具合に、その方ならではの主張があるほうが、信頼がおけますし、上っ面ではなく本音を語ってくれているような感じもしますし、〝より良い選択をするための参考になる〟という意味でも、満足度は高くなりますよね。

ということは、これがブログ記事だった場合。

**主張があり、メッセージがある記事によってサイト訪問者の満足度が高くなるということは、その記事のGoogleからの評価も高くなるということであり、検索上位に表示されやすくなるということ**です。

そして、あなたのそのメッセージに共感したり感化されたり気づきを得たりしたサイト訪問者は、購入や問合せ、LINE、メルマガ登録といった次なるアクションを取ってくれるようになるのです。

10

# 「言葉」を使って質の高い集客を実現する

さて、先ほどから、「価値観が伝わるメッセージ」とか「あなたのメッセージ」という言葉が出てきていますが――

もしかすると、これらは営業の段階で必要になるもので、なぜ集客する時にまで考えなければいけないのか？　と疑問に思っている方がいらっしゃるかもしれませんね。

というのも、一般的に「マーケティングメッセージ」などという言葉を聞くと、企業や商品を、どんな言葉で、どんな見せ方で、どんな営業トークで売り込むか？　ということに意識が向いてしまいがちだからです。

しかし、**マーケティングメッセージが最も影響力を持つのは、実は営業の場ではなく、**

**「集客」の場**です。

そして、これからあなたには、専門メディアを使ってあなたの事業に最適なマーケティングメッセージを構築し、ニーズ先行型集客で質の高い集客を実現して頂きます。

実際、マーケティングメッセージの違いがいかに集客に影響を与えるものなのか、ちょっと体験して頂きましょうか。

先ほど、ニーズ先行型集客を実現するためには、「検索キーワード」が鍵になるということをお伝えしましたね。

検索キーワードは、ターゲットの悩みや願望が言葉になったものであり、それはそのまま〝ターゲットのニーズ〟になっているということでした。

では、例えば「50代 男 痩せ方」というキーワードが、巷でよく検索されているということが分かったとしましょう。

多くの人に検索されているということは、イコール〝ニーズがある〟ということです。

この検索キーワードのニーズは読み取りやすく、〝50代の男性の方が、痩せ方を知りたくて検索しているのだろう〟ということが想像できますね。

具体的な集客ブログの書き方については後ほど詳しく解説していきますが、まず現時点で、「50代 男 痩せ方」と検索したユーザーに対して、次の2パターンの記事があったとしましょう。

この場合、それぞれの記事に共感する見込み客はそれぞれどのような属性の人たちだと想像できるでしょうか？

**ブログ記事A**
ダイエットは痩せたくなった時がチャンス。50代はすでに基礎代謝が落ちているからこそ、多少身体に無理をさせたとしても機を逃さず、とにかく短期間で痩せよう！
……という主張のもと書かれた記事

**ブログ記事B**
短期で痩せる方法は身体にも悪いしリバウンドのリスクもある。50代だからこそ、長い目で見て健康的でいられるように、体質改善をしながら一歩一歩痩せていこう！

……という主張のもと書かれた記事

どうでしょうか。

少し極端に書き分けましたが、どちらも50代男性に対する「痩せ方が知りたい」というニーズを満たすべく書かれた記事です。

しかし、これらの記事を最後まで読み進め、問合せや申込み、LINE登録やメルマガ登録などのアクションをしてくれる見込み客は、両者で全く異なる属性であろうことが容易に想像できると思います。

そう。ターゲットのニーズを満たすべく書かれた「ブログ記事」の中で**あなたが発信するあなたの主張は、そのままあなたの事業のマーケティングメッセージになる**ということです。

そして**そのメッセージの設計の違いによって、たとえ同じニーズに対するアンサーを提供しているのだとしても、集まる見込み客の属性は全く変わってくる**というわけですね。

もちろん、先のAとBのどちらのメッセージが良いｏｒ悪いという話ではありません。農薬を使って大量生産している安価な野菜の販売業者も、有機栽培で育てている代わりに高額なオーガニック食材の販売業者も、どちらが良いｏｒ悪いなんてありませんよね。

しかし、集めるべき見込み客像は両者で全く異なるはずです。それを適切に分けるのが「マーケティングメッセージの設計」であり、マーケティングメッセージの良し悪しは、あなたの提供する商品・サービスによって変わってくるものなのです。

大事なのは、**あなたの事業にとって最適な見込み客が集まってくるマーケティングメッセージを作ること**です。

そして、大量集客さえ必要とせず、少数の質の高い集客だけでも安定して売上を上げていくためには、あなたもお気づきの通り、この〝マーケティングメッセージ〟というものの設計が、より一層重要になってくるというわけです。

11

# 最適なマーケティングメッセージ1・0の作り方

世の中には、マーケティングメッセージの作り方について複雑怪奇に解説されているものが多数あります。ですが、いきなりミスなく完璧なメッセージを作ることなどまず不可能です。

というか、そこにかける時間と労力が無駄でしかありません。

**まずは、集客を効果的に始めるための「マーケティングメッセージ1・0」をサクッと作り、あなたが事業を続けていく中で得られる経験や資源、そのときの環境等をもとにどんどん変えていく心積もりで作った方が効率的**です。

そして、実際そのように変わっていくことがほとんどです。

だからこそ、ここでは余計な贅肉を極力削ぎ落とし、シンプルで分かりやすく、かつ無駄のない「マーケティングメッセージ1・0」の作り方についてお伝えします。
具体的には、次の3つの質問に答えるだけです。

**【質問1】 あなたの事業・業界において「否定したい常識」や、競合のやり方で「それは違うんだよな……」と、あなたが日頃感じていることは何ですか?**

例1）ダイエットは個々の身体に合ったものでストレスを最小限にしてやった方が絶対に良いのに！ 早く痩せられてもその後にリバウンドしたら健康リスクが大きすぎるよ！

例2）多少身体に悪いことをやっても早く痩せられた方が絶対目標達成できるのに！ 太ったままでいる方がよっぽど健康に悪いよ！

例3）大人がピアノを習う時に基礎からやらせる必要なんてないのに！ 最初は譜面が読めなくても好きな曲からやらせた方が絶対に長続きするよ！

**【質問2】 その主張は、見込み客にもある程度受け入れられそう（求められていそう）なものですか?**

**【質問3】もし質問2の答えが「No」であったなら、見込み客に求められているニーズを踏まえてあなたの主張を改善させると、どんな落とし所がありますか？**

以上です。この3つの質問に答えて出てきたものが、あなたの事業にとっての「マーケティングメッセージ1・0」です。

そして注意しておいて欲しいのは、**【質問1】に正解などない**ということです。

先のブログ記事の例で言えば、パターンAの

「ダイエットは痩せたくなった時がチャンスだから、多少身体に悪くともとにかく短期間で痩せよう」

という主張と、パターンBの

「短期で痩せる方法は身体にも悪いから、健康的に体質改善をしながら一歩ずつ痩せよう」

という主張はほぼ真逆と言えますが、どちらの主張にも一理あり、拾える見込み客層が単純に異なっているに過ぎませんよね。

どちらも正解であり、世の中のニーズに対してそれぞれの事業者がそれぞれの理念のも

とに提供する〝ならではの価値〟なのです。

また、もしかすると、

「ダイエットなんて苦しいことはストレスにしかならない。太ったありのままで、しかしそれでいて健康的に楽しく生きていこう！」

というパターンCの主張のもとコミュニティを立ち上げたりしても、その主張に共感した見込み客が沢山集まり、事業として成り立つことだってあるかもしれません。

とにかく最も大事なのは、**あなたがあなたの事業において、どんな主張を持っているのか？**というただ一点です。

唯一〝不正解〟があるとすれば、その主張が見込み客の誰にも求められていない場合です。

それがどんなに崇高で説得力のある主張だったとしても、世の中の誰も求めていないものであれば、事業としては成り立ちませんからね。

だからその場合には、あなたの主張したいメッセージに見込み客が求めているニーズを取り入れて、ちゃんと事業として成り立つであろう落とし所を考えなければいけません。

ちなみに、現時点であなたの中に「コレだ！」というものが思いついていなかったり、間違っていたりしても全く問題ありません。

第2章から実際にあなただけの〝ニーズ先行型集客〟の具体的手順について解説していきますが、それに取り組む中で次第に「こういうメッセージの方が良いな」といった具合に気づきが増え、修正改善され、洗練されていきますから。

それに、これから事業を始めようと思っていらっしゃる方の場合、そもそも現時点で見込み客に対してあなたの主義主張が求められているかどうか……？なんて、分からないと思いますしね。

というわけで、先ほど3つの質問を挙げましたが、見込み客のニーズがまだ今の段階では分からないという場合には〝あなたがあなたの事業において、どんな主張を持っているのか？〟という点を最も大事にして、マーケティングメッセージ1・0を決めて頂ければと思います。

PART 2

# 集客から売上にまでつなげる専門メディアの作り方

12

# 専門メディアでの集客後の目的設定をする

ここから、いよいよあなた専用の「専門メディア」の作り方についてお伝えしていきます。ただ、まだ記事は書き始めません。何事もそうですが、健康的でのびのびとした枝葉を付けるためには、その前に太くドッシリと根が張った健康的な幹を作るところから始めなければいけませんからね。

というわけで、記事の書き方については第3章に譲るとして、ここではあなたのサイトがしっかりと機能するための、強固なサイトの「土台」の作り方をお伝えしていきます。

実は、ただ漠然と「集客すれば儲かるはずだ！」「人が流入しさえすれば勝手に売上は上がるに違いない！」「とにかく難しいことなんて後回しにして、集客集客！」と考えて記事更新しているだけでは、実際に集客が実現できたとしても十中八九儲からないのです。そうならないために何が必要なのかと言うと、**〝メディアのゴール設定〟**です。

具体的には、ブログで集客した見込み客に向けて、どうやってマネタイズするのか？　キャッシュポイントまでどのように誘導するのか？　といった**「メディアの目的」をあらかじめちゃんと決めておきましょう**ということです。

目的地を決めずして正しいゴールには辿り着けませんからね。

何となく「気分が良いところに行けたらいいな〜♪」なんて、行き先を決めないまま適当な船に乗り込んで、無事に想像通りの目的地に辿りつく人は超幸運の持ち主だけ。

試験でもビジネスでも人生でも、無闇にサイコロを振ってはいけません。

私があなたに本書でお伝えしたいのは、そんな「運」などに頼ることなく、「一発逆転」などという再現性のない幻想にとらわれることもなく、行き先をちゃんと見据えた上で、**あなたの独力のみで確実に望んだ場所へと一歩一歩、着実に歩みを進め辿り着くことのできる現実的なビジネスの手段**です。

# 13

# 集客が出来ても儲からない理由

私が初めて自分の事業に取り組み始めたのが２０１０年の１月。

当時サラリーマンをしながらの副業でのビジネス開始でしたが、その頃はとにかく「集客さえ出来れば儲かるでしょ！」などと、今思えば青臭い夢見がちな考えを持っていました。

しかし、あなたもご存知の通り、**人の流れがどれだけあったとしても、それをどこにどう誘導し、どこに着地させてあげるのか？　というその後の導線設計をあらかじめ考えておかなければ、悲しいかな、サッパリ儲からない**のです。

完全に「集客数の多さ」というものに幻想を抱いていたがゆえの失敗でした。

これは、私が起業して十数年の間に学んだことの中でも、トップレベルに重要な学びの１つです。

ゆえにこの場をお借りして、くどくどとお伝えしていますが、あなたには、あんなに悲しく切なく辛い思いはして欲しくありません。

ブログを作って記事を書き、人が集まるようになったら想像以上に儲かって笑いが止まらない――！ そんなメディアを作って欲しいと思っています。

だからこそ、専門メディアのゴール設定を決めることから、まず始めていきましょう。

と言っても、どうぞご安心ください。メディアのゴール設定は全く難しいものではありません。むしろ超シンプル。

なぜなら、専門メディアのゴールは大きく分けて次の3つしかないからです。

1. 訪問者に何かを売る
2. 訪問者を見込み客リスト化する
3. 訪問者から問合せをもらう

では、あなたの事業において、どのゴールを最初の目的として掲げるべきなのでしょうか？ それぞれ、順番に解説していきます。

## 14

# 目的設定❶ 訪問者に何かを売る

メディアのゴール設定を考える上で、「メディア上で何かを売る」というゴール設定が真っ先に思い浮かんだ方は多いのではないでしょうか。

商品内容やサービス内容にもよりますが、**専門メディア上で直接商品を売ってマネタイズすることも可能**です。

ただし、**それには条件があります。それは、「熟考する必要がなく衝動買いしやすい商品・サービス・価格帯であること」**です。

例えば、すでにその商品の使い方や受けられるサービス内容などが、世間である程度認知されていて、問合せをせずともその内容やサービスが想像できるものは、問合せや相談なく成約する可能性がありますよね。

あなたの売りたい商品がこの条件に当てはまっているのであれば、専門メディア上で「商品を売る」ことをゴールとして設定しても良いでしょう。

逆に、世間で知名度が低く、見込み客がその内容を想像しづらかったり、それを購入することで何が得られるのかが分かりづらく、価格も相場より高額で、購入前に相談や問合せをしなければ成約までいかない可能性が高いようなサービスだったりする場合。

この場合は、ブログ上でいきなり売ろうとするよりも、次にご紹介する❷や❸の方法をゴールにした方が長い目で見て良いです。

# 15

## 目的設定❷
# 訪問者を見込み客リスト化する

先に結論からお伝えしておくと、**専門メディアのゴール設定として最もおすすめなのが、この「訪問者を見込み客リスト化する」こと**です。

リスト化とは、要は**〝見込み客の連絡先を知って、いつでもこちらから連絡が取れる状態にする〟**ということですね。

「連絡先」と一口に言っても色々とあるわけですが、具体的にはどんな連絡手段を手に入れれば良いのでしょうか？

これはあなたの事業が個人向けか法人向けかによって若干変わります。

まずあなたの事業が、消費者に直接サービスを提供している「個人向け」なのであれば、LINE登録とメールアドレスをもらうことで「リスト化」出来たと考えて大丈夫です。

それに対し、あなたの事業が「法人向け」にサービスを提供しているのであれば、電話番号とメールアドレスをもらうことを基本とし、時にはFacebookで友達追加してもらったり、SlackやChatworkなどといったビジネスチャットツールのアカウントを教えてもらったりすることで「リスト化」出来たと考えられるでしょう。

ここで、「リスト化をゴールとして設定した場合、肝心な収益化はどうするのか?」と思われるかもしれません。

収益化は、リスト化した後で、メールマガジンや公式LINEの配信、オンラインセミナーや直接営業などで商品のセールスをすることで実現していきます。

事業としての物理的な最終ゴールが「収益化」であることは間違いありませんが、それは専門メディア上ではおこなわず、**あくまで「リスト化」のみをゴールとして導線を引いておき、直接的なセールスはリスト化した後でおこなっていく**。これが、「リスト化する」ことをゴールとした場合のメディアの作り方だというわけです。

16

# 目的設定❸ 訪問者から問合せをもらう

これも実は❷の方法の亜種のようなもので、単純に**その場で問合せをもらうだけで終わらせるのではなく、問合せ頂いた方のLINEやメールアドレスをしっかりと取得して、その後にこちら側からしっかりと営業をかけられるようにする**ということです。

ただし、また後から詳しく解説しますが、〝売り手側からの一方的な連絡を繰り返し取りづらい〟という点で、電話営業だけでは成約の取りこぼしが多くなります。

つまり、長い目で見て売上のベースが落ちる可能性が高いのです。

中長期的な目線で見た場合、繰り返し連絡を取って、見込み客との価値観や知識のすり合わせをおこなっていった方が断然売りやすくなりますから、必ず**売り手側から繰り返し連絡を取りやすいLINEやメールアドレスを取得する**ことを心がけてください。

そのためには、基本的に次の2つの内のどちらかor両方の手段を取る形になります。

1. 問合せ先として公式LINE登録リンクや問合せフォームを掲載し、問合せると同時に自ずと公式LINEやメルマガに登録される方法
2. 問合せ先として電話番号を掲載し、電話中にLINEやメールアドレスを聞き出す方法

ちなみに❶の方法を取る場合、問合せ時にもらったメールアドレスに対して、勝手に営業メールを送っても良いのか？ と疑問に思う方がいらっしゃるかもしれませんが、問合せフォームに「プライバシーポリシー」ページへのリンクを掲載しておき、送信者はこれに同意したものとみなす旨を掲載しておけばOKです。もちろん、プライバシーポリシーには、広告を含むメールを送ることがある旨を記載しておきましょう。

このあたりは特定電子メール法に今後変更があるかもしれませんので、フォーム作成の際には必ず最新の情報を調べておくようにしてください。

## 17

# 営業電話よりもメルマガやLINEの方が売りやすいワケ

先ほど、営業電話をかけるよりも、メルマガやLINEに登録してもらった方が、中長期的に見て売上のベースは上がるということをお伝えしましたね。

実はあれは少し言葉足らずで、もう少し説明を加えると、正しくは「**最終的に営業電話でクロージングするにしても、先にやるべきことがある**」という意味です。

では、**先に何をやるべきなのか？ と言えば、「情報提供」と、それによる「価値観のすり合わせ」**です。

なぜ、メディアのゴール設定を「商品の販売」よりも、「リスト化」とする方がおすすめなのか？ なぜ、問合せをもらう場合にもリスト化の仕組みを取り入れた方が良いと言っているのか？

その全ては、営業をかける前に特定の情報を届けておくことで、見込み客の知識の強化や価値観のすり合わせが期待できるからです。

例えば、私が「ブログ上でリスト化を効率よくおこなえるツール」を販売していたとしましょう。この場合、「リスト化のメリット」や、「ブログ上で直接売れる商品には条件がある」ということを知らない多くの人たちにとっては、このツールの必要性も価値も分からず、なかなか売れないでしょう。

しかし、今まさに本書を読み進めていらっしゃるあなたはどうでしょうか。ここまでの話を読んで、ある程度リスト化する意味や、そのメリットが分かっていますから、おそらく「どんなものなんだろう?」くらいには興味を持てたのではないでしょうか。

これが、情報を与えること、価値観のすり合わせを行うことの意味です。

**その商品やサービスの価値に見込み客が気づけるよう〝必要な気づき〟を、情報提供によってもたらす**ということですね。

営業電話でもこれが出来るなら、電話番号単体のリスト化でも良いかもしれません。
ですが、基本的には毎日のように電話をかけて情報提供していたら高確率で嫌われますから、**見込み客がふとした時に半思考停止でボーっと見られるような、軽い感じで情報を届けられる「メルマガ」や「LINE」を活用するのが効果的**だというわけです。

でもって、この「情報提供」や「価値観のすり合わせ」を行わないままに、一発勝負で営業電話をかけたとしても、多くの取りこぼしが発生してしまうであろうことは想像に難くないですよね。

というわけで、まだ集客の準備段階で少し先の話をしてしまいましたが、これから安定した集客を実現させるために、あなたの専門メディアのゴールを3つの内どれにするのか、ここでしっかりと決めておきましょう。

おすすめは、断然、❷の「リスト化」です。

# 18 早速あなただけの専用ブログを立ち上げよう

専門メディアの目的が決まったら、いよいよあなただけのブログを立ち上げていきます。

世の中には様々なブログシステムがありますが、**より多くの見込み客を集めたいと考えるならば、使うブログシステムは「WordPress」一択**です。

なぜなら、**検索エンジンでの上位表示対策（SEO）として、WordPressが1つの最適解だから**です。

執筆時点でのWordPressの公式サイト上には次のような文章が掲載されています。

ウェブの42%がWordPressで構築されています。多くのブロガー、小規模企業、フォーチュン500掲載企業が、他のサービスを組み合わせた割合よりも多くWordPressを使用しています。

WordPress公式サイトより引用

全世界の約半数のウェブサイトがWordPressで作られているわけですから、検索エンジンを司るGoogleも、その一大勢力を無視するわけにはいきませんよね。

その証拠に、今よりもWordPressの普及率が少なかった2009年に開催された、『ワードキャンプ・サンフランシスコ2009』という講演の中で、当時のGoogle検索エンジン開発部門の責任者が次のような発言をしています。

WordPressは素晴らしい選択だ。WordPressは自動的に膨大なSEO問題を解決する。WordPressは検索エンジン最適化（SEO）の技術面での80~90%をカバーしている。

WordCamp SanFrancisco 2009講演より

検索エンジン開発部門の責任者がこのような発言をしている中、あえてWordPress以外を使う理由はありませんよね。

例えば、世の中には無料で使えるブログも沢山ありますが、無料である代わりに広告表示が消せなかったり、デザインの自由度が低すぎるがゆえに、サイトの目的である「販売」や「リスト化」するための仕組みが上手く作れなかったりすることがほとんどです。

何より、中長期的に見てアクセスが安定しづらいです。

というわけで、趣味でブログをやるならばまだしも、我々はビジネスの「集客」を目的に専門メディアを作るわけですから、ここは**絶対にケチることなく確実にWordPressを立ち上げていきましょう。**

# 19

# WordPress立ち上げのために必要な2つのもの

というわけで、あなたにもWordPressを使って専門メディアを立ち上げて頂きたいと思いますが、そのためには「サーバー」と「独自ドメイン」という2つが必要です。

サーバーというのは、ブログのデーターなどを保管するためのハードディスクのようなものなのですが、ウェブサイトの性質上24時間365日、常に外部とのやり取りが発生するため、セキュリティ面や資金面からも自社管理は現実的ではありません。

そのため、**月額1000円程度でレンタルサーバー会社と契約し、レンタルするのが普通**です。

独自ドメインというのは、「google.com」のような、ウェブサイトのURL文字列のことで、よく〝インターネット上の住所を示すもの〟と言われます。

ドメインも買い取るわけではなく、**年間千円程度を支払うことで、その間は自分だけが使えるドメインとして借りられるようなイメージ**です。

そして、契約したドメインをレンタルサーバーに紐づけることによって、世界中のどこからでも、誰もがあなたのサイトのURL文字列を打ち込むだけで、レンタルサーバー内のデーターにアクセスし、サイトを閲覧することが出来るようになるというわけです。

レンタルサーバーや独自ドメインはどこで取得して頂いても構いませんが、念のため私が使っているサービスを載せておきます。

- レンタルサーバー　……　エックスサーバー
- 独自ドメイン　……　お名前ドットコム

ちなみに、エックスサーバーのプランは、最初は最安プランで十分です。

# 20

# WordPressをインストールしよう

レンタルサーバーと独自ドメインの設定が終わったら、いよいよWordPressのインストールをして、あなただけの「ブログ」を開設します。

「自分でインストールするなんて、なんだか難しそう……」と思われるかもしれませんが、これは本書で進めていく工程の中でも、最も簡単かつすぐに終わる作業なのでご安心ください。

なぜなら、先のページでご紹介した「エックスサーバー」などのレンタルサーバーでは、「簡単インストール」という、**レンタルサーバーの管理画面上から数クリックで自動インストールできる機能がある**からです。

なお、簡単インストールする際に、次の5つの情報は必ず入力する必要があります。

・サイトURL……トップページのURLになる。基本的には「○○.com」のままでOK
・ブログ名……後で変更できるため、ひとまず「テスト」など仮入力でOK
・ユーザー名……「投稿者」の欄などにも載るし、ログインに必要な情報にもなるので、セキュリティ上英数字なども混ぜておくのがオススメ
・パスワード……セキュリティ上英数字記号全てを含め、長めにしておくのがオススメ
・メールアドレス……コメントが投稿された時などに通知が届くアドレス

インストールが完了すると、あなた専用のWordPressログイン画面のURLが表示されますので、早速そのページにアクセスして忘れずにブックマークに入れておきましょう。

ちなみに、簡単インストールが完了してからブログの管理画面が使えるようになるまで1時間ほどかかることが稀にあります。インストールが完了したのにログイン画面がエラーになる場合には、少し置いてからアクセスすれば大丈夫です。

21

# WordPressのデザインは初心者でもたった7分で完成

アメブロなどのような「無料ブログ」の場合、最初からデザインが豊富に用意されていて、それを選んでクリックするだけですぐにデザインが適用され、気に入ったデザインのブログが完成します。

逆に、WordPressなどのような自分で立ち上げたブログのデザインを整えようと考えた場合、ウェブデザイナーへの発注やコーディングが必要だったりして、大変そうなイメージがある。そういう方はけっこう多いのではないでしょうか。

しかし、実はWordPressのデザインを整えるためにそんなことをする必要はありません。

WordPressのシステムが簡単にインストール出来たように、デザインに関しても、**「WordPressテーマ」というものをダウンロード&アップロードするだけで、初心者でも**

**7分程度の短時間ですぐに素敵なデザインにすることが可能**です。

具体的には、「ウェブ上から無料ｏｒ有料のWordPressテーマをダウンロード」して、「ダウンロードしたテーマをWordPress管理画面からアップロード」するだけで、すぐに整ったデザインに出来てしまいます。

なお、日本製のWordPressテーマであれば、無料だろうと有料だろうと何を選んでも検索エンジン対策的に大きな違いはありません。

なぜなら、**最も検索エンジンの順位に影響を与え、なおかつ集客やその後の引き上げ率にも大きく影響を与えるのは、とにかく「記事の中身」**だからです。

ブログに限りませんが、事業で用いるウェブページの主役は全て、「記事本文」です。華美でイケてるヘッダー画像があろうが、見惚れるほどにお洒落なデザインをまとっていようが、記事本文がニーズをキャッチ出来ていなければ――、そしてメッセージが正しく伝わらなければ――、それは華美でお洒落なイケてるゴミでしかないのです。

**記事本文が見やすく読みやすく、目が疲れないデザインであればあるほど、その後の引き上げ率＝収益性は、基本的に高くなります。**

なので、何だかんだ記事本文が主役となる〝シンプル〟に勝るものはありません。

というわけで、その点を踏まえてGoogleで「WordPressテーマ　シンプル　おすすめ」などで検索して出てきた無料テーマの中から、気に入ったものを選んでみてください。

有料のテーマを購入する必要もなく、最初は無料テーマでも十分です。

ちなみに無料テーマと有料テーマの違いは、検索エンジンでの上位表示のしやすさなどではなく、どんな機能やデザインが実装出来るのか？　という機能性の部分だと思って頂いて相違ありません。

つまり、人が呼び込めるかどうかについては、テーマはほぼ影響しないので、**テーマにこだわりを出すのはアクセスがしっかり来はじめてからで問題ない**というわけです。

# 22

# 専門メディアにはどんな記事を書けば良い？

ドメインとレンタルサーバーを契約し、WordPressとそのテーマをインストールしたら、次はこれから投稿していく記事の計画をザックリとでも良いので立てておきましょう。

「記事の計画と言っても、何を書けば良いのかさっぱりイメージが湧かないな……」なんて不安に思われた方も、どうぞご安心ください。

**記事のネタは、頭で思いつくものではなく、リサーチによって〝見つけるもの〟**です。

成果の出るブログとそうでないブログの違いは、見込み客のニーズをしっかりとキャッチできているかどうかの違いだという話をしました。

つまり、**記事のネタを見つけるためには、まずあなたの事業の見込み客がどんなニーズを抱えているか？　を知らなければいけない**わけです。

では、どうやって見込み客が抱えているニーズを知れば良いのか？　と言うと、世の中の人たちが実際に検索している検索キーワードを知ることで見えて来ます。

検索キーワードは、見込み客の悩みや願望が言葉になったものであり、それはそのまま〝見込み客のニーズ〟になっているのだという話を第1章でしましたが、実は**Googleなどの検索エンジンで多くの人に検索されたキーワード＝ニーズのあるキーワードは簡単に調べることが可能**です。

どうやって調べるのかと言うと「複合キーワードリサーチサイト」を使います。

多くの場合、検索エンジンを使う際には「ダイエット」などの単体の言葉で検索するわけではなく、「ダイエット　メニュー」「ダイエット　食事」「ダイエット　サプリ」といった具合に、複数のキーワードで検索をかけると思います。

こういった、2語以上で検索されているキーワードのことを「複合キーワード」と言います。

「ダイエット」という単体のキーワードでは、その人が一体ダイエットの何が知りたくて検索しているのかは読み取ることが出来ませんよね。

しかし、「ダイエット 食事」で検索している人であれば、おそらくダイエット用の食事にはどんなものを作れば良いのか？ ダイエットにおすすめの食事にはどんなものがあるのか？ といったことが知りたくて検索しているのだろうな、と読み取ることが可能になるわけです。

そして、**世の中の人が一体どんな「複合キーワード」で検索しているのかを調べられるサイトが「複合キーワードリサーチサイト」**です。

複合キーワードリサーチサイトは、他のウェブサービス同様、突然サービスを終了したりすることもあるため、その時々でリサーチ可能なサイトを調べて頂ければと思いますが、本書を執筆している現時点では「ラッコキーワード（https://related-keywords.com/）」というサイトが見やすくておすすめです。

# 23

# 記事ネタを書き切れないほど大量に見つける方法

では具体的に、複合キーワードリサーチサイトを使って、どのように記事ネタを見つければ良いのかと言うと、次の3ステップで見つけていきます。

## ステップ1　頭脳とChatGPTを使ってメインキーワードを書き出す

まずはメインキーワードを書き出すことから始めるわけですが、ここでは「メインキーワード」なんて面倒な言葉は一旦忘れてしまってください。

とにかくシンプルに、見込み客の悩みや願望を想像しながら〝あなたの事業に関連するキーワード〟を、数多くリストアップしていくことが重要です。

それを踏まえた上で、**まずは「ChatGPT（https://openai.com/）」を使って、あなたの事**

**業に必要不可欠なキーワードを体系化**し、その上でそこを起点にさらにキーワードを見つけるために、**あなたの頭脳も使いながらメインキーワードを取りまとめていきましょう。**

具体的には、まず次のような質問をChatGPTに投げかけます。

「〇〇（あなたの事業分野）についてのブログを立ち上げようと思っています。その分野で盛り込むべきキーワードにはどのようなものがある？」

これで、100個くらいまで出してもらいましょう。

抽出されたキーワードを見ながら、さらにあなたが思いついたキーワードがあれば、そういったものも加えて、スプレッドシートやエクセルなどに全て書き出しておいてください。

ただこの時に、「これってメインキーワードになってるかな……」「これで合ってるのかな……」「2語になってたら駄目なのかな……」なんてゴチャゴチャと雑念にとらわれて作業するのは本当に効率が良くないので、難しいことは何も考えず、「合っていても間違っていても何でも良い」という気持ちで、**とにかくあなたの事業に関連しているなと、あな**

**た自身が感じるキーワードをひたすら書き出していく**ようにしてください。

例えばあなたが住宅の清掃業を営んでいるとすれば……

「住宅清掃」や「ハウスクリーニング」などのキーワードはもちろん、「排水管」や「フローリング」「床下」「エアコン」など、汚れている場所についてのキーワードも事業に関連したキーワードですし、「モップ」や「クエン酸」「ヤシノミ洗剤」などといった道具についてのキーワードも事業に関連したキーワードです。

他にも、「床　ピカピカ」「カビ」「住宅　臭い」「床　湿気」「クモの巣」などなど、住宅の状態についてのキーワードもそうですよね。

このくらいは、ChatGPTへの一度の質問だけで抽出できるとは思いますが、ただ、ChatGPTを使いつつも、それだけでは終わらせず、とにかくあなた自身も見込み客の悩みや願望を想像しながら、関連しているキーワードをどんどんまとめていきましょう。

## ステップ2　複合キーワードリサーチサイトを使い複合キーワードを抽出する

メインキーワードが書き出せたら、それらを片っ端から複合キーワードリサーチサイトにかけて、複合キーワードを検出していきましょう。

例えば、先ほど例として挙げた「住宅清掃」や「住宅 臭い」というメインキーワードを書き出しているとしたら、次のような感じで抽出していきます。

・「住宅清掃」はそのままで抽出。
・「住宅　臭い」というキーワードであれば、「住宅　臭い」というそのままの並び順でも検索し、それと同時に「臭い　住宅」という逆の並び順でも抽出。
・「臭い」や「住宅」というキーワード単体でも抽出。

ちなみに、こうやって抽出していくと、「あれ、これは自分の事業に関係ないキーワードだな」と感じるものがけっこう多く含まれていると思います。

しかし、この段階ではそれらは気に止めず、とにかくどんどん複合キーワードを抽出することに集中してください。

複合キーワードの抽出が完了すると、キーワードを貼り付けていたシートには、ものすごい量の複合キーワードが並んだ状態になっていると思います。この状態が出来たら、次のステップに進みます。

## ステップ3　事業に関係ないものを削ぎ落とす

複合キーワードが大量に抽出できたら、最後の仕上げとして「事業に関係ないキーワード」を削ぎ落としていきます。

例えば、住宅清掃業の場合、「住宅ローン控除いつまで」や「住宅 イベント」といったキーワードは、〝家の清掃を考えている見込み客〟とは異なる人々の検索キーワードであるということが容易に分かると思います。

なので、そういった複合キーワードは省いてしまいましょう。

ただし、この時に一点だけ、頭の片隅に置いておいて頂きたいことがあります。

それは何かと言うと、**一見、あなたの事業に関係ないように思えるキーワードだったとしても、〝それが潜在的に見込み客につながっていないか？〟を、ほんの一瞬だけ立ち止まって想像してみて欲しい**ということです。

例えば、「住宅 売る」や「住宅 値上がり」というキーワードは、一見住宅の清掃とは関係ないキーワードに見えるかもしれません。しかし、このあたりのキーワードを立ち止まって想像してみると、次のような隠れたニーズが見えては来ないでしょうか。

「家を売るにあたって、お金をかけて家中をクリーニングした方が高く売れる可能性があるのかないのか、知りたがっているニーズもあるかもしれないな」
「将来家を売ることを考えた時に、住んでいる内から定期的にクリーニングすることで価値がキープできるならやりたいというニーズもあるのかもしれないな」

こういったニーズが存在している可能性も考えられますよね。だとすれば、これらはあなたの事業につなげられる可能性のあるキーワードだということになるわけです。

このように、一見関係なさそうなキーワードに思えても、それがヒントとなり隠れたニーズを発見できることはよくあることですので、削除する前にほんの一瞬だけ立ち止まって想像してみて頂ければと思います。

24

# キーワードリストがそのまま記事ネタリストになる

成果の出るブログは、見込み客のニーズをしっかりとキャッチ出来ているブログで、それを実現するためにはまず、あなたの事業の見込み客がどんなニーズを抱えているかを正しく知る必要があるということでした。

ここまでの作業を通じて、まだまだ数が膨大ではありますが、実際に見込み客の抱えているニーズが言語化された「キーワードリスト」が出来上がりましたね。

そして、これらのキーワードリストはそのまま、あなたの専門メディアの「記事リスト」になります。

例えば、「肩 上げると痛い」というキーワードがリストにあったとして、このキーワードは、どんなニーズが言語化されたものでしょうか？

もっと噛み砕いて言うと、**このキーワードを検索エンジンで検索している人物は、どんなきっかけで、何を目的として検索をしているのかを考えてみる**ということです。

すると、例えば次のようなことが思い浮かぶと思います。

・肩を上げると痛みが走るが、これって何か悪い病気の予兆じゃないよね？　と不安になり、あり得る病気や事例などを調べている方
・最近しばらく肩を上げると痛いが、何か即効性があって少しでもラクになる方法はないかな？　と自身で出来る解決法を調べている方
・肩を上げると痛みが走るが、一体どんなことが原因になっているんだろう？　と原因を調べている方
・数日前にスポーツや重い荷物を持つなどして肩を痛めた自覚があったが、なかなか治らないので、このまま放っておけば治りそうか、病院に行った方が良さそうなのか、参考情報などを見たくて調べている方ｅｔｃ……

こんな感じで、**キーワードそれぞれのニーズを紐解き、具体的な「悩み」や「願望」として言語化させせると、どんな記事を書けば良いのか？が見えて来る**と思います。

検索キーワードは決して無機質なものではなく、今もこの世界のどこかに存在している特定の人物が、何かしらの目的を持って能動的に検索した「メッセージ」になっています。ただ、キーワードリストから適当に選んで書き始めれば良いのだとしても、現状ではさすがに数が多すぎて迷ってしまうと思います。

なので、ここからさらにキーワードリストを絞って、どのキーワードから書き始めれば良さそうか、当たりを付けていきましょう。

# 25 最初は似通ったテーマの記事を集中的に揃える

どのキーワードから書き始めれば良さそうかを考える上で、まず覚えておかなければいけないことがあります。

それは、**メディアのテーマが絞られている方が、そのテーマにおいて検索エンジンの上位に上がりやすくなる**ということです。もちろん、あなたの事業についてのメディアを作ろうとしている時点で、現時点である程度はテーマが絞られていると思います。

ただそれでも、メディアを立ち上げた初期段階においては、記事を書き揃えていく中でテーマがブレてしまうケースが実はよくあるのです。

例えば、「インターネット起業術」についての専門メディアを作ろうと思ったとして、次のような順番で記事をアップしたとしたらどうでしょうか。

・「ブログ集客のやり方」で1記事
・「セールストーク術」で1記事
・「パソコンの使い方」で1記事
・「おすすめのPCツール」で1記事

この4記事の切り口は、大枠で見れば全て「インターネット起業術」というテーマに沿ったものになっていますが、記事単位で見た時のテーマとしては、見事にバラバラです。

Googleは、ウェブ上にある数多のウェブサイトを「クローラー」と呼ばれるプログラムに自動巡回させてチェックしているのですが、この時に「何について書かれたサイトなのか?」を把握していると言われています。

もちろん、記事が50記事、100記事、200記事……と増えていけば、各テーマの記事数も自ずと増えていくので問題ありません。しかし、最初の内は、先のようなバラバラなテーマで記事を更新してしまうと、クローラーから見て「何についてのサイトなのか？」が把握しづらくなってしまうわけです。

**何について書かれたサイトなのかが不明確ということは、＝「有益なサイトではないだろう」とネガティブな評価をされてしまう可能性も高くなる**ということです。

それを防ぐためには、記事が少ない内は、色々なテーマの記事を書こうとするのではなく、似通ったメインキーワードから派生した複合キーワードを扱うようにし、**似通ったテーマの記事を集中的に揃えていった方が良い**ということです。

そうすることで、Googleのクローラーから評価されやすくなりますし、その結果検索エンジン上位表示がしやすくなり、ブログ訪問者数も増えやすくなります。

というわけで、最初の内は先ほどのようなバラバラなテーマで投稿していくのではなく、「ブログ集客のやり方〝だけ〟で10記事」といった投稿の仕方のほうが良いです。

これであれば、クローラーが回って来た際に、「ふむふむ。このサイトはブログ集客のやり方についてまとめられているサイトだな」と把握してもらいやすくなるわけです。

## 26

# 弱小キーワードが多いテーマを扱う

また、「最も検索されているキーワードから書き始めよう」と考える方も多いと思いますが、それは得策ではなく、ある程度ニーズがありながらも検索数が少ない、**弱小キーワードから攻めていった方が良い**です。

なぜなら、ライバルが少なく本気で書かれている記事数が少ないからです。つまり、開設したばかりの小規模のウェブサイトであっても、品質の良い記事を書いていくことによって比較的早く検索上位に露出できる可能性があるというわけですね。

というのも、**Googleクローラーに一刻も早く評価されるためには、一刻も早く検索ユーザーを呼び込んで、その〝動き〟を検知してもらうことが重要になってくる**からです。

〝動き〟というのは何かと言うと、例えば「iPhone 初期化 方法」というキーワードで上位表示していたとします。そして実際に、「iPhone 初期化 方法」というキーワードで検索したユーザーが、あなたの専門メディアに訪れたとしましょう。

そのユーザーがあなたの記事をある程度読み、1分ほど経ったところでサイトから離脱し、検索し直すこともせずブラウザーを閉じたとしたら……？ Googleクローラーはこのユーザーの行動を見た結果、あなたのサイトに対しどのような評価を下すでしょうか。

おそらく、こんな感じではないでしょうか。

「検索して訪れたユーザーが、ある程度ちゃんと読んだところで、2位や3位のサイトに移動するでもなく、検索し直すこともなかった。ということは、おそらく1位のサイトに載っている情報で、iPhone の初期化方法が分かり、問題が解決したのではないか？ということは、1位のサイトはやはり「iPhone 初期化 方法」について問題解決が可能な、質の高い情報がまとめられている可能性が高そうだ」

このように、**検索ユーザーのサイト上でのアクションを見て、Googleクローラーに「記事の質が高そうだ」と評価してもらうことが出来れば、サイト規模がまだ小さい内から、**

**専門メディア全体の評価を上げていくことも可能になる**というわけです。

もちろん、ここの評価基準についてGoogleは公表していないので、あくまで私の経験上の仮説です。ただ、Googleが最終目標として掲げている「セマンティック検索――ユーザーの検索意図や目的を正しく汲み取り、ユーザーの求める最適な記事を返すことの出来る検索」と、AIの得意とすることを考えれば、**検索ユーザーのサイト上での挙動という生のビッグデータを分析し、サイト評価に使っている可能性は極めて高い**です。

そう考えると、ライバルの少ない弱小キーワードから書き始め、少しでも早く検索エンジンの上位にあなたの記事を露出させ、少しでも検索ユーザーを呼び込んだ上で評価の高いアクションを取ってもらうことが、あなたの専門メディアの評価を少しでも早くアップさせるためには重要ということがお分かり頂けると思います。

というわけで、立ち上げ当初の記事テーマは、キーワードの検索数が軒並み多いようなテーマではなく、弱小キーワードが多いテーマを選ぶことをおすすめします。

# 27 弱小キーワードの見つけ方

弱小キーワードを見つけるためには、リストアップした複合キーワードの「検索数」を知る必要があります。検索数を調べる方法は、大きく分けて2つ。1つは、「Google 広告」内のツールを使う方法。もう1つは、「Google 以外のツール」を使う方法です。

どちらがオススメかと言うと状況にもよりますが、あなたが**ウェブの作業や設定が苦手という場合には、Google 以外のツールを使った方が断然ラク**だと感じるはずです。

なぜなら、Google 広告内のツールを使う場合、アカウント作成時に広告の設定や出稿金額の設定など、色々と設定しなければなりません。しかも、広告出稿にお金を使っているアカウントでない限り、検索数が〝大まかな範囲〟でしか分からない仕様です。

しかし、Google 以外のツールの場合であれば、月額費用はかかることが多いものの、面倒な設定や広告出稿をする必要なく、申込みさえすればすぐに使うことが出来ます。

ちなみに、ここで特定のサービスを挙げていない理由は、複合キーワードリサーチサイトと同じで、突然サービス終了になったり、その時々で使いやすいサイトが移り変わっていったりするからです。一応本書の執筆時点では、前述したラッコキーワードの有料プランが使いやすいのでオススメです。プランによって回数上限が低く設定されているものはありますが、月間数百円程度ですぐに検索数を調べることが可能です。

とはいえ、各キーワードの検索数が調べられればどこのサービスでも構いません。早さと簡単さという意味では、すでにGoogle広告を使っている場合を除き、Google以外のツールを使った方が良いでしょう。

で、ここからが肝心な部分です。

具体的に**どれくらいの検索数のキーワードが弱小キーワードと言えるのかと言うと、月間検索数が１００未満のキーワード**。これを1つの基準として覚えておいてください。

もちろん、検索数の規模は扱っている事業分野にもよるので一概には言えません。

ただ、基本的には月間の検索数が数十回程度のキーワードが沢山ある中で、時おり数百回程度の検索数があるキーワードも存在しているようなテーマ。

最初に書いていく記事テーマは、そんな検索規模のテーマを狙っていくと良いです。

# 28

# このメディアをどんなメディアにしたい？

ここまでの作業で、あなたの事業に関連するキーワードに沢山触れて頂きました。書き出したりリサーチしたりと、多くの見込み客のニーズに触れて頂いたと思います。

そうやって、多くのニーズに触れる中で、あなたの見込み客が一体どんなことに悩んで、どんなことに躓いて、どんなことを望んで、どんなことを知りたがっているのかということが、より具体的に見えて来たのではないでしょうか。

ではそれを踏まえた上で、**あなたは、あなたのメディアを通して、彼ら彼女らにどんな未来を提供したいでしょうか？**

あなたの提供したい未来の姿を言語化するということはつまり、**あなたのメディアのミッションが決まる**ということです。「見込み客のニーズに完璧に応える記事を書く」という意識を持つと、まるで見込み客に対しイエスマンになって媚びろと言われているような気になった方もいらっしゃるかもしれません。しかし、それは全く違います。

そもそも、専門メディアでの集客は、あなたの価値観や信念や理念に共感してくれる見込み客だけを集客するのに適した集客方法です。

思い出してみてください。第1章で、ブログの記事にはあなたの主張したい「メッセージ」を盛り込むことが重要だという話をしました。

そして、それをもとに「マーケティングメッセージ1・0」を作って頂きましたね。

つまりその時点で、専門メディアでの集客が、見込み客に対しイエスマンになり、媚びた記事を書くような性質のものではないことが分かります。

逆に言えば、見込み客に対し媚びへつらった三流記事を書いたところで、記事読了後の「販売」や「リスト化」といった、あなたの専門メディアの目的は達成されません。

むしろ、あなたの記事を読むまでは見込み客の中に存在しなかった新しい見方や考え方を知り、より良い選択が出来るよう導いてあげられるメディアを作ってこそ、それらは達成されますし、実際にそれが出来る一流のメディアを作って欲しいと思っています。

そして、遺伝子レベルで**一流のメディアを作り上げるために必要な最後の仕上げが、〝メディアのミッション〟**なのです。

ミッションを決めるにあたり、具体的には次の3つの質問に対し、じっくり考えて答えを出すことが重要になります。

1. 見込み客は、競合のサイトなどを見た上で、どんな悩みや不満を持っているか?
2. 見込み客に、どんな人生を送れるようになって欲しいか?
3. 見込み客にその人生を実現してもらうために、あなたがこれから作るメディアは、競合サイトと比べた時に何を(どこを)優れさせたいか?

そして繰り返しますが、これは「メディア」のミッションです。つまりこれは、あなたの事業で最終的に販売する「商品やサービス」で解決しようと考えるのではなく、**専門メディアのみで解決してあげられるとしたら? と考える必要があります。**

もちろん、これはビジネスですから、実際には有料の商品やサービスでもって解決へ導くことになりますが、ここでは一旦メディアのみで解決してあげられるとしたら、どういうメディアを作ってあげることが〝価値〟になるかを考えることが大切です。

例えば、あくまで一例ですが、あなたが「ダイエットコーチ」をされているとして、先の3つの質問に対してこんな感じで答えることが出来ます。

**1．見込み客は、競合のサイトなどを見た上で、どんな悩みや不満を持っているか？**

「巷の情報を参考にしたがなかなか痩せられない。いつしかどのダイエット法を見ても疑いの気持ちが湧いてくるようになった。良さそうかもしれないと思っても画像が少なく実践のやり方がよく分からない」

**2．見込み客に、どんな人生を送れるようになって欲しいか？**

「その人に合った方法で、ストレスをかけず、趣味にできるほど楽しく痩せることが出来て、溢れるほどの自信を付けて素敵な恋が出来るようになって欲しい」

### 3. 見込み客にその人生を実現してもらうために、あなたがこれから作るメディアは、競合サイトと比べた時に何を（どこを）優れさせたいか？

「世の中にまかり通っている通説の間違っている点を、感覚や経験などからではなく、生理学的、科学的な見地からの具体的な理由を論理的かつ分かりやすく解説し、正しいダイエットメソッドを写真付き＆図解で解説する」

こんな感じで質問に答えていくと次のようなメディアのミッションが完成します。

健康意識が高く勉強もしているが、間違った情報に振り回されてなかなか痩せられず、自信を失いかけている人々に対し、科学的なロジックを用い、個々に最適な方法で実践すればストレスフリーで楽しく痩せられるのだと気づいてもらい、ダイエット自体を趣味に出来てしまうような知識と具体的メソッドを、どのサイトよりも分かりやすく伝える。

もう少し簡潔に短くても良いですが、このような感じであなたが目指す「メディア」としての価値を、言葉でしっかりと定義づけてあげてください。

# 29

# ミッションが決まることで起こる3つの良いこと

「ミッションなんて決めなくても、ブログ運営は出来るのでは？」という考えが頭をよぎった方も、いらっしゃるかもしれません。ビジネスの新しい手法を試す時、ワクワクした気持ちで一刻も早く具体的な作業に取り掛かりたいと思う気持ちはよく分かります。

しかし、**あらかじめミッションを決定してから実践を開始することによって、〝良いこと〟が沢山ある**のです。

**ミッションを決定するメリット1**

**メディア全体を通したメッセージに一本筋が通る**

1つの見失わない目標を掲げて記事を書くわけですから、全ての記事、全てのコンテンツを通して一本筋が通ったメディアになることは想像に難くないと思います。

メディアのコンテンツ中にあなたの主張、メッセージを盛り込むことの重要性は度々お伝えしていますが、**ミッションがない状態で記事を書き始めてしまうと、メディア内で発信していくメッセージがぼやけてしまう**のです。

というのも、物事には様々な面があります。

例えば、「身体に合った方法でストレスなく痩せる痩せ方のほうが良いよな」と思いながらも、それと同時に「痩せたいと思ったそのモチベーションが続いている内に、多少強引なやり方でも良いからさっさと体重を落としてしまうのって大事だよな」という、一見矛盾しているような考えも持ち合わせていたりするわけです。

あなたの中にも、おそらくこんな感じの相反した考えや感覚、主張が内在していると思います。そして、それは決して悪いことではありません。

むしろ、メディアを運営し情報発信をする者にとって本当に素晴らしい考え方です。

「A」という1つの考え方や価値観しか知らずに「A」を押し付ける人物よりも、「A」の考え方も「B」の考え方も「C」の考え方も理解し、「全部素晴らしいね」と納得した上で、「Aが一番良いぞ！」とハッキリ主張できることに価値があるわけですから。

ともあれ、「全部素晴らしいね」というバランス的な考え方や意見は、あくまであなたの頭の中だけにあるべきで、メディアで発信する際は必ず意見は偏らせるべきです。そうでなければ、〝人は動かないから〟です。

だからこそ、**あなたの中にある様々な価値観や知識を集約した上でアウトプットするメッセージは、しっかりと尖らせて発信する必要がある**のです。

そして、ミッションを掲げて記事を書いていくことで、知らず知らずの内にメッセージがぼやけたり、記事によって言っていることが変わってしまったりする事態を避け、全体を通して一本筋の通った、見込み客から見て信頼のおけるメディアに出来るのです。

## ミッションを決定するメリット2 今後の商品企画に幅が出る

ミッションを決めることで、商品企画、サービス開発にも幅が出るようになります。

例えばあなたが花屋さんとしてメディアを運営していたとしましょう。そしてそのメディアのミッションが次のようなものだった場合、どのようなメディアになるでしょうか。

「花を贈りたい人に向けて、花の選び方や贈り方を教えるためのメディア」

こう認識していたとしたら、おそらく扱う商品は、あくまで「花」でしかないと思います。しかし、これが次のようなミッションだったとしたらどうでしょうか。

「花を贈ることをコミュニケーションの1つとして考え、花を贈ることで家庭、恋愛、仕事、人間関係を円滑にし、人生をより良くしてもらうための花の選び方や贈り方など、様々なケース別で具体的な事例を交えながら解説し提案までできるメディア」

こういったミッションを掲げていたとしたら、「花」はあくまでツールの1つでしかなく、それを使ってお客様を取り巻く人間関係の改善や、接待、プロポーズなどを成功させるプロデュースサービスなども商品と考えることが出来るようになるわけです。

## ミッションを決定するメリット3
## メディアの継続力が上がり集客が出来る

ミッションが決まることでメディア運営が継続しやすくなり、集客も上手くいくようになります。

ブログの集客は、すぐにフォロワーなどの数値が目に見えて表れるSNS集客とは違い、開始半年ほどの成果が実感しにくく、それは専門メディアも同じことです。

なので、なかなか結果が目に見えてこないことに心が折れ、開始3ヶ月ほどで挫折する人も多いです。

それは、意味のない数字や、短絡的な目標を目指してしまい、余計なところで意思がブレていることが一番の原因です。

しかしこの時に、しっかりとしたミッションが決定できていたらどうでしょうか。

もちろん、本書を読んで頂くことで、最終的に専門メディアでの集客が上手くいくことは大前提です。その上で、**ミッションが決まることによって、目の前の小さな数字や結果が出ないことによる意思や感情のブレなく記事を更新することが可能になります。**

むしろ自然と新しいキーワードのアイディアが湧き、更新したい記事が沢山あって何から書けば良いのか迷ってしまう……！　なんて嬉しい悲鳴を上げるようになるはずです。

このように、メディアのミッションを決定しておくことにはメリットしかありません。

なので、ここでしっかりと言語化しておき、記事作成に入っていきましょう。

## PART 3

# 見込み客が集まり続ける記事の書き方

# 30

# Googleを知って順位争いを有利に進める

メディアの確固たる土台を築いて頂いたところで、いよいよ「記事の作成」に入っていきましょう。

さて、「彼を知り己を知れば百戦殆うからず」という孫子の一節を、あなたもよくご存知だと思います。敵のことも自分自身のことも、どちらをもよく知り理解することを怠らなければ、何度戦ったところで負けることはない、という教えです。

本書を通してあなたには「専門メディア」を作り、検索エンジンからの集客を実現して頂くわけですが、そのためには、これから書き上げる記事の1つ1つが検索エンジンの〝より上位〟に表示されるように最適化していく必要があります。

では、その順位を決めているのは一体誰なのか？　と言えば――

そう。Googleです。

ということは、**彼＝「Google」のことをしっかりと知っておかなければ、検索エンジンの順位争いを有利に進めることは出来ない**わけです。

とはいえ、現代は武を振るい合う戦国時代ではありません。

彼を知り打ち倒すことを考えるのではなく、**彼の求めるものが何なのか、彼がどんなミッションを持ち、どこへ向かおうとしているのかを知ることで、「お願いだから協力して欲しい」と彼に言わしめ、これ以上ない強力な追い風を受けて、「集客」というあなたの目標をより確実なものへとしていくのが得策**です。

31

# Googleの欲望が分かる貴重な情報源とは?

Googleの欲するものが何かを知る上で、最適な情報源があります。

それが、Googleがおこなった検索エンジンのランキングアルゴリズムの変更履歴です。

というのも、**Googleは検索エンジンのランキングアルゴリズムを度々アップデートして、質の低いサイトやコンテンツを封じて来た歴史があります。**

1つ1つの変更に「○○アップデート」と固有の名前が付けられて呼ばれているものですが、この歴史を見ることで、Googleが何を考え、一体どこを目指しているのかを読み取ることが出来るのです。

まず、**代表格とも言えるアップデートが、2011年の「パンダアップデート」**です。

このアップデートでは、内容の薄いサイトの排除がおこなわれました。

そして、記事コンテンツの内容が充実していたり、ページ数が多かったりするサイトが高順位に来るようにアルゴリズムを変更しました。

これにより、昔はよく見かけた広告だらけでコンテンツが希薄なサイトや、コピペで量産されているようなスパムサイトが淘汰されていったというわけです。

そして、その約1年後の**2012年には「ペンギンアップデート」と呼ばれるアップデートが行われました。**これは、記事コンテンツの質を無視し、テクニックだけで順位を上げようとする、いわゆる「ブラックハット」と呼ばれるSEOサイトの排除です。

以前は、例えば無料でアカウントが作れるブログにアカウントを大量に作成し、そこから自身のメインサイトに向けてリンクを自作自演で貼ることで「被リンク」を大量に獲得させたり、サイト訪問者からは肉眼で見えないように白文字で「集客したいキーワード」を記事内に大量に埋め込んだりすることでも検索順位が上がっていた時代があったのです。

それを利用し、コンテンツの質を全く無視して、テクニックのみで検索エンジンの順位を上げようと企てることはGoogleの目標にそぐわないため、ペンギンアップデートをもってそれらのサイトが淘汰されました。

そして、**2013年におこなわれた「ハミングバードアップデート」こそが、その後のSEOの方向性を決定づけたと言っても過言ではない大きな変更だった**のです。

これまでのアップデートは、あくまで簡単なロジック変更のようなものだったのですが、ハミングバードアップデートでは検索エンジンの根本的な作り替えが行われました。

これにより「検索キーワードが持つニーズ」を、検索クローラー側がしっかりと理解しながらコンテンツを見るようになったり、コンテンツ内の文脈を理解して検索順位に反映させたりできる体制が整ったと言われています。

つまるところ、検索キーワードに対して、より一層〝人間的な感覚〟を持って、世界中のウェブサイトを順位付け出来るようになったのです。

これにより、**Googleは「ユーザーの求める最適な記事を返せる検索エンジンの実現」という目標達成へと大きく近づいた**というわけです。

そしてこのことで、それ以降の検索エンジンの進化がより一層加速しました。

過去の検索エンジンの評価ポイントは、あくまで〝外部の要因〟でコンテンツの質を把握しようとしていたものでしたが、**ハミングバードアップデート以降では、外部要因ではなく、コンテンツ自体の「質」を直接評価できるようになった**のです。

もちろんその後も、「健康アップデート」で専門家の信憑性のある記事を評価できるようになり、「BERTアップデート」でAIの自然言語処理技術を本格的に検索エンジンに取り入れるなど、重要なアップデートを重ねています。

そのおかげで、近頃はまるで、人間が肉眼で見て記事を評価しているかのような優秀なランキング精度になってきていますよね。

これが、これまでにGoogleがおこなってきた代表的なアップデートの歴史です。

# 32

# Googleを味方にしてライバルをごぼう抜きにする方法

では、これらを踏まえた上で、これから検索エンジンを攻略するために、何を意識しておけば良いのでしょうか。

それは、Googleのアップデートを後追いし、テクニックでどうにかしようとするような浅はかな検索エンジン対策をするのではなく、**Googleの目指す〝完璧な検索エンジン〟を、Googleと二人三脚で作り上げていくような、ユーザーの求めている理想の記事を用意していくこと**。これこそが、時代を超える最強の検索エンジン対策です。

Googleからすれば「このキーワードに対し、こんな記事があったら理想だ」と感じる、検索ニーズに対する正解があるはずです。じゃあ、それを我々が用意すれば解決ですね。

極論ではありますが、これが出来れば、今後アップデートが繰り返されれば繰り返されるほど、後追い型の競合の記事は順位を下げ、対応に追われて時間がなくなる中、逆にあなたの記事の順位はどんどん上がり、より一層収益にも開きが出てくるわけです。

検索エンジンを攻略するために、ルールの穴を見つけてそこを突いていき、アップデートが起こったらまたルールの穴を見つけてそこを突き……と、いつまで経ってもイタチごっこをしたがる近視眼的な人たちはいますが、あなたにはそんな低レベルの方法に傾倒して欲しくはありませんからね。

伝染病、戦争、円高と、こんな激動の時代だからこそ、あなたには中長期的な視野を持ち、ちょっとやそっとのことでは揺らぐはずがない取り組み方で、確固たる集客の基盤を築いて欲しいと思っています。

**Googleの目指す先を見据えて、そこに先回りして手を貸してあげるような、そんな対策をしていくことがとても重要**です。

そして、それを可能とする記事作成術をここから解説していきます。

33

# 現代に求められる記事とは？

現代に求められる記事とは、一言で言えば、**しっかりと検索ニーズを満たすことが出来ていて、なおかつ情報に過不足がない記事**です。

要は、検索ユーザーの欲求に対し足りない情報がなく、逆に不要な情報もキッチリ削られている最適な状態で検索ニーズを完全に満たすことが出来る記事、ということですね。

まず最も重要なことは、**とにもかくにも検索者のニーズを満たすこと**です。

そのためには、検索キーワードを眺めながら、「検索ユーザーは、どんな気持ちで、何を目的として、どんな情報を求めてこのキーワードを検索しているのか？」と、想像力を働かせることが重要となります。

そしてその上で、**情報が足りなかったり、逆に多すぎたりすることがないように注意する**必要があります。

特に〝情報が多すぎる〟ことにはなかなか気づきにくく、これまでにブログ集客に取り組んだことのある方の場合は、特に注意が必要です。

というのも、一時期流行った記事の傾向として、1つの記事の中にあれもこれもと、とにかく沢山の情報を載せておけば評価される時代があり、未だにその癖が抜けていない方も多いからです。

先にもお伝えした通り、Googleは現在、ユーザーの検索意図を高いレベルで把握した上で、それに対する最適解となるページを上位にしていますから、**検索ニーズ目線で見て不要な情報まで載せているのはNG**なのです。

情報が多すぎるのがなぜそんなに悪いことなのか？　と思われる場合には、日常の会話で想像して頂くとそのわずらわしさがよく分かると思います。

例えば、パーティーで出会った初対面の相手に対して、「よく来られるんですか？」と質問をしたとしましょう。

この時、相手の返事が、「はい」だけだったとしたら、どうでしょうか。

確かに、「よく来るのか？」という質問に対する表面的なニーズには応えられているかもしれませんが、「もう少し何か言ってくれよ……」と感じますよね。

情報が足りない記事というのは、まさにこの状態です。

逆に、相手の返事が次のようだったら今度はどうでしょうか。

「はい。よく来ますよ。もうこれで10回目です。1回目は2年前の4月1日でした。ものすごく楽しかったのですが、2回目はそこから半年ほど空いてしまい10月の中頃だったと思います。2回目も本当に楽しめたので、今度こそはすぐに参加しようと思い、3回目はその1週間後に参加しました。ちなみに4回目は……」

いや、そこまで興味ねーよ……と思いますよね。

余計な情報まで載っている記事というのは、これと同じような状態です。

どちらも受け手からしてみれば、「カラみづらい」と感じたはずです。**ブログ記事だとすれば、「何だか分かりにくいし、気が利いてないから別のサイトに行こう」となって、すぐに離脱されてしまう**でしょう。

「よく来られるんですか?」という質問に対して、質問者のニーズをしっかりと満たしつつ情報の過不足がない返答というのは、次のようなものです。

「はい。けっこう来てますよ。(あなたは)初めてですか?」

これです。「よく来るのか?」という、言葉そのままのニーズに対してYESと答えた上で、余計な情報は加えず、それでいて、言葉の表面上には表れていない「潜在ニーズ」までしっかりと満たしています。

というのも、「よく来るのか?」という質問には、「すでに何回か来ている人なのか知りたい」という表面的なニーズと、**もう一歩だけ踏み込んだその奥に「初対面だから話を膨らませるとっかかりが欲しい」という潜在ニーズがある**わけです。

だからこそ、「よく来ますよ」と表面上のニーズを満たした上で、話を膨らませるために「初めてですか?」と質問を投げ返すことで、潜在ニーズを満たしているわけですね。

情報を詰め込めば良いわけでもなく、短ければ良いというものでもなく、なおかつ**表面的なニーズを満たすだけでなく、言葉には表れていない潜在的なニーズまでをもしっかりと拾って書かれている記事こそが、今求められている記事**だというわけです。

34

# 検索キーワードから真のニーズを読み取る

ここまでの話で「何だか難しそうだな」と感じた方もいらっしゃるかもしれません。

ですがご安心ください。そのためのノウハウがありますし、正直いくつか書いていている内に慣れますから。

言葉に表れた表面上のニーズのことを「顕在ニーズ」と言います。

逆に、言葉の裏に隠されたニーズのことを「潜在ニーズ」と言います。

これから書いて頂く専門メディアの記事では、**この2つのニーズを満たすことを常に念頭に置いておいてください**。

顕在ニーズに関しては、特段意識せずとも大抵は取りこぼすことはないでしょうが、潜在ニーズに関しては、常に意識をしておかなければ必ず取りこぼします。

この2つを取りこぼさず、しっかりと記事に盛り込むために大切になるものが、**「ストーリーを想像する」**ということです。

検索キーワードは決して無機質なものではなく、検索している1人1人にストーリーがあります。あなたが今日検索したあのキーワードも、きっと無機質に単語を打ち込んだわけではなく、それを検索した背景や、きっかけや、思いや、願望があったと思います。

それと同じように、**検索キーワード1つ1つのその部分を想像することが、潜在ニーズの理解につながります。**

例えば、「絆創膏 防水 指先」という検索キーワードがあったとします。

このキーワードで検索した方は、一体どんな意図があってこのキーワードを打ち込んでいるでしょうか?

このトピック内では便宜上、検索ユーザーの名前を「Aさん」とします。まずは、Aさんが打ち込んだキーワードのそのままの意味を考えてみると……

「水に強くて、指先に貼れる絆創膏のオススメが知りたい」こんな感じですよね。

Aさんの頭には、「あー、水に強い指先に貼れる絆創膏で良いやつないかなー」という考えが浮かんでいて、それが言語化されて「絆創膏 防水 指先」というキーワードで検索しているわけです。Aさん自身が自覚しているニーズなので、これが「顕在ニーズ」です。

これに対し、潜在ニーズは、Aさん自身も頭の中で言語化されていないがゆえに、キーワードには表れていない隠れたニーズです。これを知るために役立つのが、Aさんがこのキーワードで検索するに至った背景のストーリーを想像することです。

検索キーワードを眺めながら、〝Aさんが検索に至ったシチュエーション〟を想像してみると、例えば次のようなストーリーが思い浮かびます。

Aさんは、家事をしていると時折指先に小さな怪我をする。小さな傷でも水仕事をするとしみるので、そんな時はいつも指先に絆創膏を貼るが、防水と謳っている絆創膏でも濡れるとすぐにズレて剥がれてしまう。いつもは特に深く考えずに貼り直していたが、ふと、剥がれにくいおすすめの絆創膏はないかな？と思い検索した。

ここに正解などありませんから、あくまであなたの中で「有り得そうだな」と思える具体的なストーリーを1つ想像してみることが大切です。

そして、**このストーリーを想像する中で、Aさんの本当の悩み、本当の願いが何なのか？ということに気づいて来ませんか。**

私は、このストーリーを考えたことによって、先ほど挙げた顕在ニーズも少し修正した方が良いかもしれないなと感じました。

先ほど挙げた顕在ニーズは、「水に強くて、指先に貼れる絆創膏のオススメが知りたい」でしたが、どちらかと言うと、「水に強くて、指先から〝剥がれづらい〟絆創膏が知りたい」の方が、顕在ニーズとして正解に近い感じがしませんか？

そして、潜在ニーズは何か？と考えてみると、Aさんの真の悩みは、実は「水に強い絆創膏が知りたい」のではなく、もし剥がれない貼り方があるのならそれで十分なのかもしれないな、という仮説が立ちました。

つまり、Aさんが真に求めているものは、「指先に貼っても剥がれづらいオススメの絆創膏」であり、「指先に貼っても剥がれづらい絆創膏の貼り方」であり、「絆創膏を貼った後で出来る、水に濡れても取れにくくする方法」なのではないか？ということです。

もちろん、Aさんはこの時点ではまだ「剥がれない貼り方」があることなど想像もしておらず、とにかく頭の中には、「水に濡れても剥がれない絆創膏が知りたい！」という顕在ニーズだけが思い浮かんでいる状態です。

なので、顕在ニーズは必ず記事の中に書く必要がありますし、記事の中でも最初のトピックとして扱う必要があります。

そして、**顕在ニーズをキッチリと満たしたところで、そこで終わらずに、例えば次のような感じで潜在ニーズを満たすためのトピックへと舵を切る**わけです。

「オススメの絆創膏は先にご紹介した通りですが、実は、多くの人たちが絆創膏の貼り方を間違えています。これからご紹介する貼り方を実践して頂くことで、新しい絆創膏を買わずとも、今お手元にある絆創膏でも、十分に剥がれない貼り方が今すぐに出来るかもしれません。それでは具体的な貼り方ですが……」

そしてこの記事を読み終えた後、Aさんの中でこんな思いが浮かんだとしたら……？
「最初は、水に濡れても剥がれない絆創膏があったら良いなとしか思っていなかったけど、まさか貼り方を変えるだけで全然剥がれなくなる方法があったなんて。自分でも気づいていなかったけど、私が本当に求めていた情報ってこれだったんだな……」

そう。この部分です。

〝自分でも気づいていなかったけど、私が本当に求めていた情報ってこれだったんだな……〟

こんな感じで、**検索者自身でも気づいていなかった潜在的なニーズを、こちらから先回りして発見し、それを記事の中で満たしてあげることで、こんな反応を引き出せること。これが、本書であなたに目指して頂く理想の記事コンテンツ**です。

全ての記事でこの反応がもらえるように、検索キーワードが持つ顕在ニーズだけでなく、潜在ニーズまでをも先回りして想像し、どちらも満たした〝気の利いた記事〟を書くことを意識しておくことが大切です。

# 35 記事コンテンツは「プロット作り」から

検索キーワードの2つのニーズをしっかりと理解したら、いよいよそれを記事コンテンツとして形にしていきましょう。

ただ、絵描きがキャンバスにいきなり絵を描き始めず、まず全体の構図を描き入れていくのと同じで、**記事を書く際はまず全体の構図＝「記事のプロット作り」から始めます。**

ただし、実はこれこそが記事作成において最も重要な工程であることを必ず念頭に置いておくようにしてください。**プロット作りは記事本文を書くことより圧倒的に重要**です。

なぜ重要なのか？ というのは、後述します。

記事のプロットとは、書籍で言うところの目次のようなもので、これは専門メディアの記事で言うところの「見出し」になります。

というのも、**専門メディアの記事本文は、「見出し」を多用し、ユーザーが理解しやすいような形で作っていく**からです。

これは、実際に見て頂いた方が早いでしょう。

例えば、「健康　朝の習慣」についての記事があったとしたら、次のような感じでプロットを作ります。

**1. 朝起きたらまずやるべき健康を手に入れる5つの習慣**

- コップ1杯の水を飲む
- カーテンを全開にして陽の光を浴びる
- ベッドリネンを整える
- 有酸素運動又はストレッチをおこなう
- 手作りグリーンスムージーを飲む

**2. なぜ5つの習慣は朝にやるのが良いのか？**

**3. 本当に忙しい朝に、たった2つだけ実践するなら**
・コップ一杯の水を飲む
・カーテンを全開にして陽の光を浴びる

**4. より良い朝にするために前日の夜にやっておくべきこと**
・翌日の服は前日のうちに決定しアイロンがけまでやっておく
・翌日のタスクは前日の夜に確認する

**5. おわりに**

まさに「目次」という感じですよね。

これがそれぞれ「見出し」になり、その下にそれぞれの見出しの説明＝本文を書いていくことになるわけですが、見出しを見ただけでもう記事の全体の流れや、何を解説していくのかがまとまっていますよね。

# 36

# どんな見出しを どんな順番で構成するか？

では、どのような見出しを、どのような順番でまとめれば良いのでしょうか。

1つの記事は、1冊の書籍と同じように、いくつかの「章立て」で出来ています。

もちろん「第1章」などと謳うことはなく、「大見出し」となっている部分です。

先ほどの「健康　朝の習慣」の例題で言えば、次の4つの大見出しで記事が構成されていることが分かりますね（小見出しは便宜上省いています）。

1. 朝起きたらまずやるべき健康を手に入れる5つの習慣
2. なぜ5つの習慣は朝にやるのが良いのか？
3. 本当に忙しい朝に、たった2つだけ実践するなら
4. より良い朝にするために前日の夜にやっておくべきこと

では、**この流れはどうやって決めているのか？ と言うと〝ニーズが高い順〟**です。

つまり、基本的には顕在ニーズへの回答が1つ目の大見出しに来ます。

例えば、「ロレックスデイトナ 買い方」というキーワードであれば、どのような説明よりも真っ先に「ロレックスデイトナは〇〇で買え」という見出しから始めるべきですし、「ディズニー ホテル おすすめ」という記事であれば、どんな周辺情報や前提情報よりも、真っ先に「ディズニーホテルのおすすめ第1位は〇〇」という見出しから始めるべきです。

その見出しこそがその記事の核心であり、訪問者が最も求めている情報なわけですからね。

だからこそ、旧態依然とした感覚で記事を書いてしまうと、その核心部分を記事の中腹以降にまでもったいぶってしまいがちになるのです。しかしそれでは、サイト訪問者はわずらわしさや面倒な印象受け、離脱しやすくなります。

なので、**まずは1つ目の大見出しで確実に顕在ニーズへの回答を載せ、そこのニーズを満たしてあげた状態で、その理由や確たるエビデンスや補足情報などへと展開していくよ**うにしましょう。

37

# 冒頭で答えを教えてしまうと離脱される？

「いきなり結論を書いてしまうと、かえってすぐに離脱される気がするんですが、大丈夫なんでしょうか……」と心配される方もいらっしゃると思いますが、大丈夫です。

例えば、あなたが「省エネエアコン」を買うために、どこのエアコンが良いのかを、「省エネ エアコンメーカー おすすめ」とリサーチしていたとしましょう。

そんな時、とあるサイトで「今年省エネエアコンを買うならA社のABCエアコンが絶対おすすめ！」と冒頭に書かれていたとしたら、どのような反応をするでしょうか。

「そうなんだ！ じゃあA社のABCエアコンに決めた！」――とはならないと思います。

おそらく、「なぜ？」「これって広告じゃない？」「他のメーカーや他の機種と何が違うの？」といった具合に、第1のニーズが満たされたからこそ湧き出てくる、第2第3のニーズがあって、それを満たすために続きも読んでみようとするのではないでしょうか。
逆に、その結論がもったいぶられていて、最初の大見出しが「大手エアコンメーカー3社の特徴徹底比較」などから始まっていたとしたら、頭の中には「結局どうなんだろう……?」という思いがずっとちらついて、落ち着いて読めませんよね。

そう考えると、**いきなり結論を言うことでサイト訪問者の離脱を早めてしまうのでは……というのは杞憂であり、展開の仕方次第でしっかりと記事の下へ下へと誘導していくことが可能**だということに気づくと思います。

そして、だからこそ、プロット作成＝見出しの構成が大事だというわけですね。

ちなみに、見出しを作成する上でも、ChatGPTを活用することが出来ます。

例えば、先の「健康　朝の習慣」という記事のプロットを作る場合であれば、ChatGPTに次のように質問します。

「日々丁寧に暮らしたいと考える意識の高い女性に向けたブログ記事を書いています。今回の記事は、その中でも『健康になるための朝の習慣』に特化したものにしたいと考えています。どのような内容を盛り込むと良いでしょうか？」

すると、この話題を中心とした切り口一覧を吐き出してくれますので、それを見ながら、あなたの価値観や想像したニーズに合致するものを拾ったり、発想したりするようにしてください。

ただし、ChatGPTは便利ですが、吐き出した情報の元になっているものは、同じ学習をした同じＡＩです。もちろん、元は同じでも、質問の仕方によってその精度や答えが全く変わってくるのが面白いところではありますが、そこに依存するのはやめましょう。

吐き出された情報を見ることで「あ、この話題も盛り込んだ方が良いな」「ということは、あのあたりについての解説もしておいた方が良さそうだな！」といった具合に、あなたの頭脳に刺激を与え、アイディアを想起させたり、ひらめきをもたらしたりするために使った方が、誘引力のあるメディアを作ることが出来ます。

なぜなら、**実際に見込み客と向き合って来た〝あなた〟というフィルターを通してしか、本当の意味で見込み客のニーズを満たすことは出来ない**からです。そして当然のことながら、その方が圧倒的にGoogleに評価されるメディアになるからです。

# 38 プロット9割、本文1割

記事本文を書き始める前にプロットを作成し、記事全体の流れを決めておくことで、途中で何を書けば良いのか迷うことはなくなります。何より、話の方向性や最後の結論を意識しながら文章を書くことが出来るので、記事作成が圧倒的にラクになります。

もちろん、本文を書いていく中で、小見出しを追加したり削除したりしたくなる箇所が出てくると思いますが、記事を書き始める前の段階で、「何をどう説明して、どのような結論に持っていくか？」という**話の大筋が決まっているだけで、記事はかなり書きやすくなる**ものです。

実際、「何のとっかかりもないところから、健康的な朝の習慣の記事を書く」ことを考えた場合と、「各見出しに対する説明文章を埋めていけば良い」と考えた場合では、後者の方がだいぶラクに感じるのではないでしょうか。

そして、前述したように、記事本文を書くことよりも、この「プロット作成」の方が圧倒的に重要です。割合で言えば、「プロット作成9割：記事本文の作成1割」です。

なぜ、プロットの作成が、記事作成よりも9倍も重要なのか？　と言えば、**最終的な記事の完成度は、プロットの完成度とイコールになる**からです。

もっと言うならば、完成度の低い記事プロットにどんな記事本文をあてがったところで、評価を劇的に良くすることは出来ないということです。

建築基準を満たしていない欠陥設計図があったとして、そこにどれだけ凄腕の職人を何人集めようが、出来上がるのは素晴らしい技術で建てられた欠陥住宅ですよね。

これは、記事作成でも同じことが言えるのです。

だからこそ、「プロット作成こそが記事作成の最重要事項」という意識を持ち、見出しの順番や展開を丁寧に作って頂きたいですし、ここでしっかりと頭を捻って、2つのニーズを満たすことが出来る素晴らしい記事プロットを完成させておくようにしてください。

誤解を恐れずに言えば、ニーズをしっかりと満たすことの出来る記事プロットさえ出来れば、記事本文なんておまけのようなものでしかないのです。

# 39 記事を構成する4つの要素とは？

それでは、具体的な、「記事の書き方」に入っていきます。
専門メディアの記事は、主に次の4つの要素で構成されます。

1. 導入文
2. 小見出し
3. 本文
4. おわりにorまとめ

記事は必ず導入文から書き始め、小見出し↓本文↓小見出し↓本文……と、繰り返す形で書いていき、最後に「おわりに」や「まとめ」という形で締めます。

「絶対にこの型じゃないとダメなんですか？」と聞かれたことがありますが――

絶対にこれでなければダメです。

なぜかと言うと、検索エンジンからサイトに流入してきた見込み客が、しっかりと記事に惹きつけられ、なおかつ、受動的な姿勢で記事に向き合っていても内容が理解しやすく、さらに読み終わった後の読後感を良くし、商品を販売したりリスト化したりといった「目的」のアクションをしてもらうためには、この型がベストだからです。

## 導入文の役割

例えば、ウェブには「3秒ルール」というものが存在します。

**あなたのサイトに訪れた見込み客が、そのままそのページを読み進めるか離脱するかは、たった3秒で決められてしまう**というものです。ここで、その運命の3秒をクリアーし、小見出しや記事本文を読み進めてもらうために重要となるのが「導入文」です。

## 小見出しの役割

本書をお読み頂いているあなたは別にして、多くのウェブユーザーは、サイトを見る時、受動的な姿勢で情報に向き合っています。

要は、サラっと記事を読んでいく中で分かりづらい部分があった時、「頑張って頭を働かせて理解しよう」とか「立ち止まって考えてみる」といった主体的なアクションを取ることはなく、分からないことがあれば深く考えずサクッと離脱してしまうということです。

そのため、**読み手が頭がボーっとしている状態で記事を読んだとしても、なんだか内容が理解できてしまう、そんな構成にしておかなければいけないのです。**

もちろん限界はありますが、そういった意識を持って分かりやすい記事を書かなければいけないということです。

そのためには、文章の書き方や言葉づかいを分かりやすくするのはもちろんですが、それ以上に、そもそもの**「記事の構成」が視覚的に分かりやすいことが効果的**なのです。

次の2つの記事を見比べて頂くと、その違いがよく分かると思います。

小見出しがない記事

まず、カレーライスを作るのに必要な材料は、カレーのルウ、たまねぎ、にんじん、じゃがいも、豚バラ、オリーブオイルです。たまねぎは頭と根の部分をカットし皮をむいて洗い、にんじんとじゃがいもはあらかじめ水で洗った後、ピーラーを使って皮をむきましょう。材料の皮むきとカットが終わったら、次にオリーブオイルを鍋に引き……

小見出しがある記事

**「カレーライスを作るのに必要な材料」**

カレーライスを作るのに必要な材料は次の６つです。

①カレーのルウ
②たまねぎ
③にんじん
④じゃがいも
⑤豚バラ

⑥オリーブオイル

**「カレーライスを作る手順」**

次に、カレーライスを作る手順を説明します。

**・材料の皮むきと切り方**

たまねぎは頭と根の部分をカットし皮をむいて洗い、にんじんとじゃがいもはあらかじめ水で洗った後、ピーラーを使って皮をむきましょう。

**・野菜を炒める**

材料の皮むきとカットが終わったら、次にオリーブオイルを鍋に引き……以下略

どうでしょうか。ボーっとした状態で、ダラダラとスマホをいじっているような時に、見込み客がこの両者の記事を見たとしたら、どちらが分かりやすく感じるでしょうか。

おそらく小見出しのない記事の方は、たとえ良い情報が載っていたとしても、どこに何が書かれているのかが視覚的に全く分からず、「どこに欲しい情報が載っているのかを探す」という一手間が非常にわずらわしく感じると思います。

逆に、小見出しのある記事の方は、文章を読まずとも、どこに何が書かれているのかが感覚的に分かるのではないでしょうか。

こんな感じで**小見出しには、視覚的に分かりやすくする意味もある**わけですね。

## 「おわりにorまとめ」の役割

記事を全て読み検索ニーズがしっかり満たされると、その記事に対する集中力が一気になくなり、別のことへと意識が向きます。

この時、そのまま放っておくと、見込み客の意識がどこに向かうのか分からず、こちらの望んだアクションを起こしてもらえるかどうかが運任せになってしまうのです。

それを自然に誘導し、**こちらの望んだアクションを起こしてもらえる確率をアップさせるために重要となるのが、「おわりに」や「まとめ」**なのです。

では、次はそれぞれの具体的な書き方について解説していきます。

# 40 要素❶ 導入文の書き方

導入文は、記事タイトルのすぐ下に来る、サイト訪問者が真っ先に目にする文章です。書籍で言うところの「はじめに」にあたるところで、**ここでとにかく重要となるのは、「このページにこそ、自分の求めている情報がありそうだ！」と、見込み客に強烈に感じさせること**です。

「ホームページの3秒ルール」の話があるように、サイト訪問者はせっかくアクセスして来てくれても、離脱の決断までがとても早いです。となると、読み始めてすぐに「これぞ探し求めていたページに違いない！」と感じてもらう必要があるわけです。

ただ、逆に言えば、最低でも導入文の1行目までは、ほぼ全ての訪問者が目を通すものです。それゆえに、**導入文でいかに惹き付けるか？が重要になる**わけです。

というわけで、サイト訪問者を惹き付けることの出来る導入文の書き方をしっかり押さえておきましょう。導入文の型としては、基本的に次の流れで書けばＯＫです。

①問題提起
②解決策の提示（What to）
③それが有効である理由
④記事内容の予告
⑤読了時に得られるものの提示

この流れに沿って導入文を書くと、例えばこんな感じです。

①周りのみんなは涼し気な顔をしているのに、自分だけが頭から顔から汗が止まらない……なんて状況になると、とても辛いですよね。
②実はそんな辛い顔汗も、あなたの自宅にある「ヒモ」を１本使えば簡単に止められる可能性があるんです。
③私も以前は、冬でもエアコンの熱をちょっと感じるだけですぐに額から汗が垂れて来て

本当に恥ずかしい思いをしていたのですが、この方法を知ってからはプライベートでも仕事でも、顔汗を気にせずリラックスしていられるようになりました。
④というわけでこのページでは、顔汗を止めるための即効性のある方法と、長い目で見て根本的に軽減していける方法の両方を解説していきます。
⑤この記事を読み終える頃には、今あなたが抱えている顔汗へのコンプレックスが「改善できるかもしれない！」と、希望に変わっていること間違いなしです。

**①問題提起**

問題提起は、サイト訪問者が「そうそう私も全く同じで、まさにこのことで悩んでいたんだ」と共感してもらい、〝自分のための記事だ〟と思ってもらうためのパートです。

ここは、**見込み客の悩みをストレートに表現してあげればＯＫ**です。

**②解決策の提示（What to）**

解決策を匂わせることで「そんな良い方法があるなら知りたい」と思わせ、続きを読みたくさせるための部分です。ただしネタバレのしすぎには注意が必要で、**「How to（どう**

**やって）」を伝えるのではなく、「What to（何を）」を伝えるのがコツ**です。

例えば、「寝付きが悪く、朝早く起きられない」と悩んでいる方に向けて、「晩ごはんは就寝の3時間前までに終わらせておくことが大事だ」という記事を書くとしましょう。

この場合の「How to」と「What to」は次のようになります。

How to…夕飯を就寝3時間前までに終わらせておくと、早起きがラクになります
What to…寝る前の時間の過ごし方を変えると、早起きがラクになります

前者は、「何を、どうやるのか？」という核心部分までネタバレしてしまっていますが、後者は、「何を」の部分までにとどめています。その結果、**本文を読み進めて答えを得ようという気にさせることが出来る**というわけです。

**③ それが有効である理由**

実際に筆者自身もやってみて効果があった方法なんだということや、エビデンスを示すことによって期待を膨らませてもらうためのパートです。

**④記事内容の予告**

書かれている内容を端的にまとめて予告することにより、良い意味で記事の内容を予測してもらい「答えがありそう」「分かりやすそう」と思ってもらうためのパートです。

**⑤読了時に得られるものの提示**

誰だって、どんなメリットがあるかが分からなければ、アクションを起こす必要性を見いだせませんが、〝欲しいものや理想の状態が手に入るかもしれない〟と感じれば、アクションを起こしてみようと思えるものです。

なので、**導入文の締めでは必ず、読了後にどんな素敵な未来が手に入るのか？を言葉にして伝えてあげる**ようにします。

もちろん、これらはあくまで基本形で、扱うキーワードによっては型が変わってくることもあります。ただ、この5つの要素を入れておけば平均点以上は必ず取れるので、まずは難しいことは考えず、この流れで書いてみてください。

41

# 要素❷〝読ませる〟見出しの書き方

プロットの構成がいかに重要か？　ということは、すでにお分かり頂いている通りですが、加えて**「見出しの魅せ方」もとても重要**です。

見出しは、サイト訪問者から見れば、記事の構成が視覚的に分かりやすく理解しやすいことが重要ですが、もう一点、検索エンジン対策として、Googleクローラーが記事の内容を正しくキャッチできることも重要です。

つまり**見出しは、ユーザー目線とクローラー目線の両方が必要になる**ということです。

では、その両方を同時に満たすためにどうすれば良いのかと言うと、3つのポイントがあります。

## 見出しの魅せ方1 その下に続く文章のまとめや結論を示していること

見出しは出来るだけ、その下に続く文章のまとめや結論が伝わるように書きます。
例えば次の2つの内、どちらが「まとめ」や「結論」になっているでしょうか。

パターンA
「初心者に最もオススメのブログとは？」
「プロテインの飲みすぎが招くリスクが判明！」

パターンB
「初心者に最もオススメのブログはWordPress」
「プロテインの飲み過ぎは肝臓に大きな負担をかける」

正解は――、パターンBですよね。
パターンAは、「とは？」や「リスクが判明！」といった表現で、結論やまとめを全く伝えていません。それに対しパターンBは、どちらも見出しが「まとめ」になっており、「結論」が分かるようになっています。

こんな感じで、**本文を読まずとも内容を伝えられてしまうような、そんな見出しを付けられると良い**です。

ただ、そうは言ってもどうしても結論を端的にまとめられない場合もあると思います。

例えば、次のような見出しがあったらどうでしょうか。

「絶対に1円もかけたくないなら無料ブログ。月500円かけられるならWordPress」

確かに本文のまとめをしっかりと伝えられてはいますが、長いですよね。

これだと「見出し」の意味がなくなってしまうので、出来る限り端的に結論やまとめを言い表す必要があります。

ただ、どれだけ考えても端的な表現が思いつかない場合には、見出しで無理に結論を伝えようとはせず、パターンAのような表現に留め、結論は本文に譲る形でも大丈夫です。

## 見出しの魅せ方2
## メリットやベネフィットがあれば明確にすること

メリットとは「今度のSUVは後部座席が広い」などといった、機能的な利益のこと。ベネフィットとは、「今度のSUVは後部座席が広い。だから、移動中も仕事がしやすくスキマ時間を有効活用することで日々の充実度が上がる」などといった、メリットの向こう側にある、メリットよりも高次の価値のことです。

こういった**メリットやベネフィットがある場合には、それが見出しだけでしっかりと伝わるよう、明確に書いておく方がその下の本文を読んでもらいやすくなります。**

例えば、次のような見出しはメリットやベネフィットが伝えられていない見出しです。

**メリット・ベネフィットが含まれていない見出し**
「無料ブログからWordPressに替えたことでこんな良いことが!」

ここにメリットやベネフィットを入れるとこんな感じになります。

**メリット・ベネフィットが含まれている見出し**
「無料ブログから WordPress に替えたことで集客数5倍アップ」
「無料ブログから WordPress に替えただけでテレビ局から取材オファーが!」

こちらの見出しであれば、WordPress に替えただけで集客数が5倍もアップしたり、テレビ局から取材依頼が来たりするようになったということが、本文を読まずともしっかりと伝わってきますね。

こんな感じで、本文の中にメリットやベネフィットがある場合には、それを見出しの中にもしっかりと書いておきましょう。

### 見出しの魅せ方3 誰にでも理解できる平易な言葉で書くこと

見出しに限った話ではありませんが、メディア内で使う言葉は、誰にでも理解できる平易な言葉にします。

例えば、「ＳＥＯに効果的なＷＰテーマは〇〇」という見出しがあったとします。これでは、「ＳＥＯ」という言葉を知らない方には伝わらない可能性がありますし、WordPressのことを「ＷＰ」などと略して書かれても、読み手にとっては全く理解できない可能性もあるわけです。

なので、先のような見出しであれば、例えば次のような見出しにすると良いです。

「検索エンジン対策に効果的なWordPressテンプレートは〇〇」
「集客力が倍増するWordPressテーマは〇〇」

この見出しであれば、先ほどの見出しと比べて、より多くの見込み客が理解できる表現になっていますよね。

というわけで、**メディアでは誰にでも分かる簡単な言葉やシンプルな表現で書くことを心がけていきましょう。**

ただ、もちろん狙っている検索キーワードは言い換えずにそのまま使う必要がありますし、あなたの専門メディアが同業者や専門家向けである場合には、専門用語もそのまま使った方が良いです。

結局のところは、見込み客目線で見て、平易な言葉の方が分かりやすいか？　それとも適度に専門用語を入れた方が分かりやすいか？　Googleクローラー目線で見て、ちゃんと狙っている重要な複合キーワードが見出しや本文中に入っているかどうか？　などなど、**相手目線に立って〝どういう言葉を選択するべきか？〟を考えれば、自ずと答えが見えてくる**と思います。

なので、その都度微調整をおこなうようにしていきましょう。

というわけで、見出しを書く際は、これら3つのポイントを意識しながら作成してみてください。

# 42

## 要素❸ 読み手本位の記事本文の書き方

いよいよ記事本文の書き方です。

「おお！　ついに一番大事なところですね！」……と思った方は、もういらっしゃらないですよね。

そう、先にもお伝えした通り一番大事なのは〝プロット作り〟であり〝見出し〟です。記事本文はあくまでプロット通りに作られた〝見出しと見出しの間を埋める説明文〟でしかありません。

ここまでの作業で、しっかりとニーズをキャッチしたプロットが作れているなら、あとは次の3つの要点を押さえるだけでかなり質の高い記事が完成します。

### 要点1 PREP法を意識して書く

PREP法とは、プレゼンをする際や、ビジネス文書を書く際などによく使われる「結論先行型」の〝文章の型〟のことです。論理的かつ簡潔に伝えることの出来る文章構成なので、説得力をアップさせられると言われています。

P・R・E・Pの通り「結論」「理由」「事例」「結論」の英語の頭文字になっています。

P：Point／結論
R：Reason／理由、根拠
E：Example／事例、例え話
P：Point／結論

ビジネスの文章では、ほとんどの場合「結論から伝える」というのは常識ですよね。

しかし、なぜかブログ記事となると、途端に結論を後回しにした記事が目立ちます。

あなたもスマホで調べものをしていて、早く答えが知りたいのに前置きが長くてなかなか肝心な話が出てこない……、なんて感じたことが一度や二度ならずあると思います。

下手すると、結局答えは次のページに飛ばなければ分からなかったり……。

そして、答えを見る前に面倒になり、離脱して他のサイトに移った経験があるという方も多いのではないでしょうか。だからこそ、**専門メディアの記事も必ず「結論から書く」ことを意識する必要があります。**

では、実際にPREP法で書かれた文章を見て頂きましょう。これは、1つの見出しに対する文章だと思ってください。

見出し「二の腕太りの原因は二の腕の冷え」

P（結論）二の腕太りの原因の1つは二の腕の冷えです。

R（理由、根拠）なぜなら、二の腕が冷えて血行が悪くなると老廃物が溜まり、その結果代謝が悪くなって脂肪が付きやすくなるからです。実際、体温が1度下がっただけで1日の基礎代謝量は12〜13％も低下するという研究結果も出ています。

E（事例、例え話）例えば、お風呂上がりは全身が温かくなっていますが、薄着でしばらくいると二の腕だけがひんやりと冷たくなりますよね。つまり、お風呂上がりで暑いからといって薄着のままでいると、二の腕だけが冷えて血行が悪くなり、二の腕太りしやすい状況をつくってしまうということです。
P（結論）二の腕は寒さを感じる感覚が鈍く、知らず知らずのうちに冷え、自分で触ってみてビックリ！　なんて経験があなたにもあると思いますが、二の腕太りを解消したければ、まずは二の腕を冷やさないことがとても重要になります。

いかがでしょうか。PREP法で書かれた文章を見てみると、シンプルで簡易な文体なのに、理路整然としていて説得力がある文章に感じますよね。

**文章に説得力があることは、検索エンジン対策以上にその後の商品の販売やリスト化といった「目的」の達成のために重要な布石となります**ので、ぜひ「PREP」の流れを意識して書いてみてください。

## 要点2　接続詞で次の展開を予測させ理解しやすくする

「接続詞」とは、あなたもご存知の通り、「だから」や「つまり」「それゆえに」「しかし」「とは言え」などの、文と文をつなぐ言葉です。

これらを文章内で効果的に使うことで、**読み手に対しあなたの〝意図通り〟に文章の次の展開を予測させ、理解を促すことが出来ます。**

この技術は、記事作成に限らず、広告コピーやセールスコピーはもちろん、プライベートでも、あなたの意図や思いを伝える際に、最も重要と言っても過言ではないコミュニケーション技術の1つです。

では、実際に次の2つの文章を読み比べてみてください。出来ればボーっとしながら、積極的に理解しようともせず、思考停止状態で読んで頂きたいですね。

まずは1つ目の文章から思考停止でどうぞ。

**文章A**

Googleの欲するものが何かを知る上で、最適な情報源があります。

Googleがおこなった検索アルゴリズムの変更履歴です。

Googleは検索エンジンのランキングアルゴリズムを度々アップデートして、質の低いサイトやコンテンツを封じて来た歴史があります。

Googleがこれまでに何を排除し何を優遇してきたのかを知ることで、Googleの求めていることが分かるようになります。

結果だけを見たところで重要な本質は見抜けません。

そのアップデートが行われるに至った背景も一緒に知っておきましょう。

過去の知識を未来の予測に活用することが出来るようになります。

あなたのビジネスを盤石なものにするのです。


まずは文章Aを読んでみて、いかがでしたでしょうか。思考停止状態で読むと、おそらく文章の構造が理解しづらく、内容を頭の中で整理するのが大変に感じたと思います。

その原因は、すでにあなたもお気づきの通り「接続詞」を使っていないからです。

接続詞がないことによって、次にどのような意図の文章が来るのか予想が立てられず、「文の内容を整理し理解する」という反応が後手後手に回ってしまうのです。


では次に、文章Bを読んでみてください。

**文章B**

Googleの欲するものが何かを知る上で、最適な情報源があります。

それは、Googleがおこなった検索アルゴリズムの変更履歴です。

というのも、実はGoogleは検索エンジンのランキングアルゴリズムを度々アップデートして、質の低いサイトやコンテンツを封じて来た歴史があるのです。

つまり、Googleがこれまでに何を排除し何を優遇してきたのかを知ることで、Googleの求めていることが分かるようになるというわけです。

ただし、結果だけを見たところで重要な本質は見抜けません。

ではどうすれば良いのかと言うと、そのアップデートが行われるに至った背景も一緒に知っておきましょう。

その結果、過去の知識を未来の予測に活用することが出来るようになります。

でもって、それこそがあなたのビジネスを盤石なものにするのです。


文章Bは、文章Aと比べて構造が予測しやすく、「次の文は補足が書かれているんだな」「次の文は注意点が書かれているんだな」「次の文で結論が来るな」といった具合に、読むのと同時に勝手に頭の中が整理され、思考停止状態の受動的な読み方をしたとしても理解しやすくなったと思います。

そして、それを実現させているのが、「接続詞」だというわけですね。

例えば、「それは（何かと言うと）」という言葉。この言葉があれば、その次に来る文章は、直前の文章の説明であることが瞬時に分かりますよね。

また、「というのも」という言葉があれば、その次に来る文章は、直前の文章の理由や原因が説明されていることが瞬時に分かるわけです。

「実は」という言葉もそうです。この言葉があることで、その後に続く文は少し重要な内容や一般的に知られていない情報が書かれているものだと瞬時に予測できるわけです。

つまり、こういった**接続詞をあなたの意図が伝わりやすいように、適切に文章に配置していくことで、読み手の理解度や集中度に依存することなく、半強制的に文章の構造を読み手の脳内に送り込み、理解を促しながら読ませることが出来る**というわけです。

要は、思考停止状態の読み手にでも理解できてしまうように、つなぎ表現を使って相手の理解を〝こちらで誘導してあげる〟わけですね。

**接続詞・つなぎ表現の例**

それは何かと言うと……前の文の説明が来ると予測させる
というのも……前の文の理由や原因の説明が来ると予測させる
実は……一般的に知られていない重要な話や裏話が来ると予測させる
そして……前の文の後どうなったかの説明が来ると予測させる
ただし・ただ……直前の文の内容について、条件付けや注意点が来ると予測させる
しかし……前の文の内容とは相反する話が来ると予測させる
逆に……前の文の内容とは異なる方向性の話が来ると予測させる
でもって……前の文の内容を念頭に置いた上で、付け加えや補足が来ると予測させる
まずは……この次に来る文章の後にも、まだ話が続くことを予測させる
とは言え……前の文の内容に対する、例外や矛盾のある話が来ることを予測させる
要は……前の文の内容のまとめが来ることを予測させる
つまり……結論が来ることを予測させる

ではどうすれば良いのかと言うと……前の文で挙げた問題点を解決する答えが来ると予測させる　etc……

接続詞やつなぎ表現をあまり使わず〝能動的に読まれること前提で〟書かれたブログ記事は世の中にけっこう多いです。

しかし、流し読みされる前提で考えた場合、それだと記事の内容やあなたのメッセージを理解してもらえない可能性が高いです。

つまり、読み手本位の文章を書くならば、読み手が能動的に読もうとせずとも、思考停止状態だったとしても、半強制的にサクサクと理解できるように書いた方が満足度は高くなりますし、ひいては検索エンジン上位表示にも効果的な対策となります。

また、**「この人の文章は分かりやすいな」と見込み客に思ってもらうことは、その後の商品の成約にも関わってくる**ことですので、ぜひつなぎ表現を意図的に使い、半強制的に理解を促す文章を書いていきましょう。

## 要点3　読ませない努力をする

ブログの記事は〝読むもの〟ですが、〝読ませない努力〟をする必要があります。

どういうことかと言うと、**文章での説明に固執せず、図や箇条書きなども活用して視覚的に分かりやすい記事を目指すべき**だということです。

要は、〝読まずとも分かる〟を目指しましょうということですね。

例えば「箇条書き」は、本書でも何度も出て来ていますが、視覚的に分かりやすく、まさに読まずとも素早く理解してもらうことが可能になる技法です。

実際に、箇条書きを使わない場合と使った場合とを見比べてみましょう。

**箇条書きを使っていない記事**

こちらの宿泊サイトは、有名であるがゆえに沢山の宿が登録されていて、なおかつ他のサイトよりもポイントも貯まり、クーポンも利用可能でお得に利用出来ます。

**箇条書きを使っている記事**

こちらの宿泊サイトには、次の3つのメリットがあります。

1. 有名であるがゆえに沢山の宿が登録されていること
2. 他サイトよりもポイントが多く貯まること
3. クーポンが利用出来ること

伝えている内容は全く同じですが、ブログやサイトで見た時に、どちらが素早く内容を理解できるか？ と言われれば、断然後者ですよね。

これも接続詞の話と同じで、目に飛び込んで来た瞬間に文章の構造が理解でき、そのことで読み手の理解スピードが速くなるというわけですね。

そしてもう1つ。**「画像」や「図解イラスト」なども可能な限り取り入れると効果的**です。言葉で説明されるより、絵で見せられた方が分かりやすいことも多いですよね。

もちろん、矢印や図形を使った簡単な図解イラストならば比較的簡単に作れると思いますが、次ページのような画像となるとなかなか大変です。

このような場合には、アウトソーシングサイトでイラストレーターを募集し、1枚千円〜数千円程度で作ってもらうことも可能です。

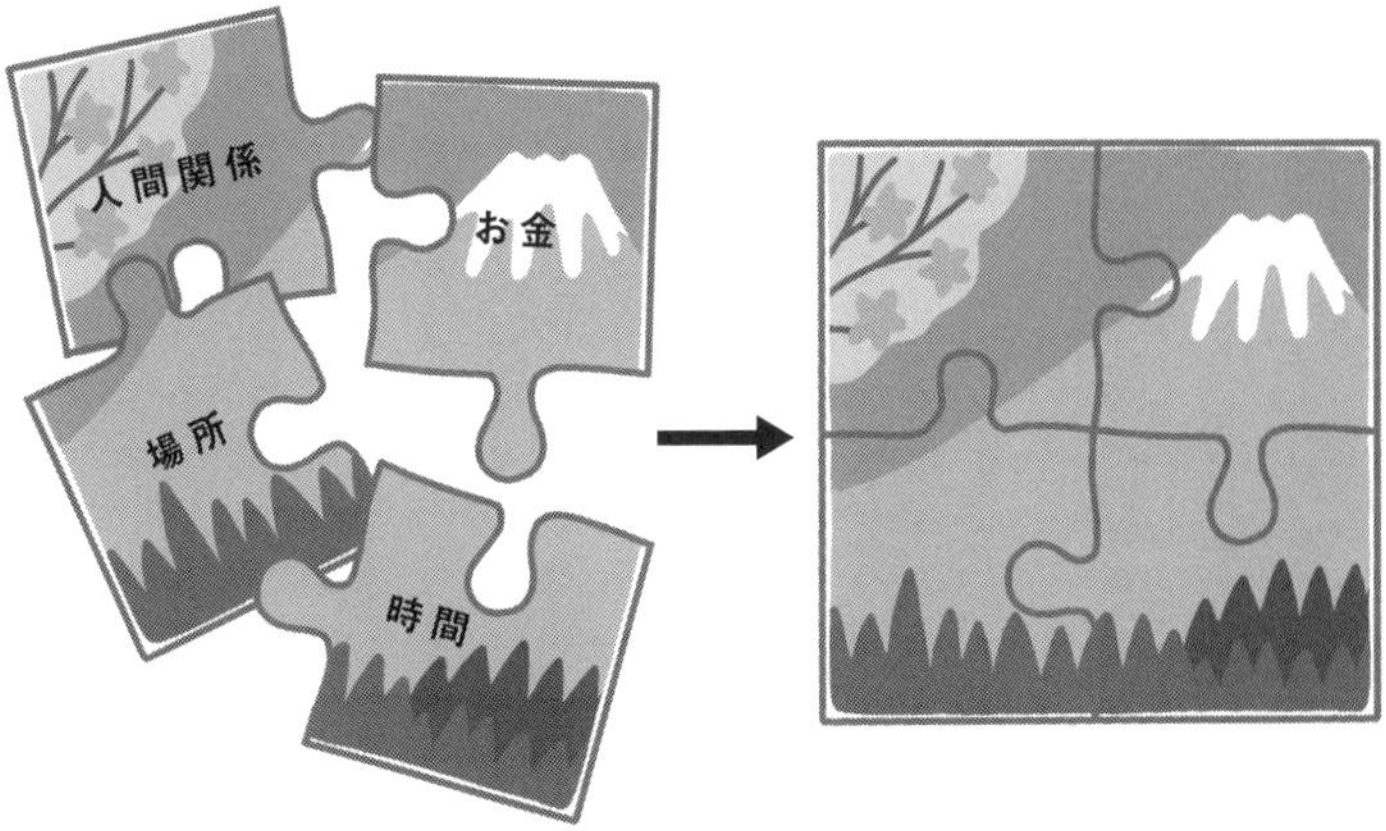


4つのピースを組み合わせると……

ホンモノの自由が手に入る!

ですが、まだ専門メディアを収益化できていない時点では、それも時期尚早な投資と言えます。
なので、そのような段階では、やり方を実演している動画や画像を適宜盛り込む意識だけ持っておいて頂ければOKです。

というわけで、読み手本位の記事本文を書くための3つのポイントについてご紹介しましたが、一貫してその土台にあった本質は、**〝理解〟を読み手の能力に依存するのではなく、いかにこちら主導で実現してあげられるか？という工夫**です。
それが実現できるならば、これ以外の方法でもOKですし、むしろ時代の移り変わりとともに最適な手段でもって、読み手本位で考えた分かりやすい記事を書いて頂ければと思います。

43

# 集客力のある「良い記事タイトル」の作り方

「おわりに・まとめ」の解説がまだですが、圧倒的に重要度が高いのは「記事タイトル」なので、このタイミングで「良い記事タイトル」の作り方をお伝えします。

**記事タイトルは、専門メディアでの集客において本文よりも見出しよりも重要**です。

なぜなら、見込み客があなたの専門メディアに訪れる際は、必ず〝検索エンジンに表示された記事タイトルを見て訪れるから〟です。

もちろん、検索エンジン対策のために、狙った検索キーワードを含めるなどの意味もありますが、それ以上に**「集客広告コピー」としての役割も大きい**ということです。

では、集客力のある良い記事タイトルを作るためにはどうすれば良いのかと言うと、次の5つの要素を意識して作るようにします。

## 良い記事タイトルの要素1 狙った複合キーワードを全く同じ語句・同じ順番で含める

記事タイトルには必ず、狙っている「複合キーワード」を、リサーチしたものと全く同じ語句、同じ順番で入れる必要があります。これは検索エンジン対策上必須のことですし、広告文として検索ユーザーに訴えかける上でも大切なポイントです。

具体例をお見せしましょう。例えば「英会話 始め方 大人」というキーワードで記事タイトルを作るとした場合、次のようなタイトルにするのはNGだということです。

- 大人のための英会話の始め方
- 英会話を始めよう！ 大人が今から習得するためのポイントとは？

狙っている複合キーワードは「英会話　始め方　大人」なのに、これだと語順が入れ変わったり、「始めよう」のように語句自体が変わったりしてしまっていますね。

こうなると、Googleクローラーは「大人 英会話 始め方」という語順の変わったキーワードや「英会話 始めよう 大人」という、根本的に異なるキーワードで評価することになりますし、語句や語順が変わればニーズそのものが変わってしまう可能性もあります。

なので、例えば次のタイトルのように、**必ず語句・語順のどちらもが、狙った複合キーワードと完全一致するように付けます。**

・英会話のすごい始め方！ 大人が今から習得するための3つのポイント

こちらは狙った複合キーワードが、語句・語順ともにそのまま入っていますよね。こんな感じで、タイトルは必ずキーワードがそのままの形で含まれるようにしてください。

## 良い記事タイトルの要素2 検索エンジンに表示される文字数に収まるようにする

スマホやパソコンからGoogle検索をすると分かりますが、記事タイトルが長い場合、最後が「……」で表現され、文字数オーバーした分は表示されなくなってしまいます。

記事タイトルが、集客のための〝広告文〟だと考えると、これはとてももったいないのですよね。なので、**記事タイトルの文字数は、Googleの検索結果に表示される文字数が何文字なのかを目視で数えて、そこに収まるように作成する**ようにしましょう。

ただし、ここの文字数は検索エンジンの進化と共にどんどん変わっていきますので、ここではあえて言及しません。

必ず、**1ヶ月に一度くらいは、スマホ・パソコン共に検索結果のタイトル表示文字数を数えてみる**ようにしてください。

また、注意点としては、「○文字以内なら必ず表示される」と、固定されているわけではなく、日や条件によっても表示される文字数に頻繁に違いが出るということです。

それに一々対応していては時間対効果も労働対効果も低下してしまいますから、程よいところで妥協しましょう。

結論としては、表示可能な文字数を1文字単位でキッチリ決めるのではなく、次の3点を意識して作成していくのがオススメです。

・念のため、表示限界文字数よりも3〜4文字減らして作成しておく

・どうしても文字数が超過する場合には、極力タイトルの冒頭に重要な言葉を持ってくる
・どうしても困ったら、その記事が検索結果に表示されるようになってから考える

タイトルが最後まで表示されることは大切です。ただ、そこにばかり時間と労力を投資しすぎてしまうのも本末転倒です。真にこだわるべきは、文字数よりも、使う言葉や語順を考えること。もっと言えば、記事の構成＝プロットなので、記事タイトルの文字数に固執しすぎないようにだけご注意ください。

## 良い記事タイトルの要素3 記事を読むことで得られるものを直球で伝える

〝記事を読むことで、見込み客は一体何が得られるのか？〟を、記事タイトルの中で直球の表現で伝えるようにします。

先にNG例をお見せすると、例えば「そうだ京都、行こう。」や「牛乳に相談だ。」のような、いわゆる大企業のコピーライターが賞を取るために考えたような、**フワっとしたコピー表現は絶対NG**です。

こういったコピー表現は、興味の有無も分からずターゲットが絞りづらいマスメディア

のCMで、印象付けを最優先にするために考えられているものです。なので、これだけでは誰にどんな結果をどう提供するものなのかが全く分からないからです。

以前、私の生徒さんが同じテイストで作って来た記事タイトルがあるので、こちらもご紹介します。

・筋トレの本番はジムではなく自宅に帰ってから始まる

一見カッコいいことを言っているのですが、ただ、やはり誰にどんな結果を提供するものなのかがサッパリ分からないですよね。

この手の記事タイトルは、広告文としても検索エンジン対策としても最悪なので、絶対にやめてください。マスメディア向けにありがちなこの手のコピーは、そもそもの目的が全く違うがゆえのコピー表現なのです。

では、これらNGタイトルに対して、〝記事を読むことで見込み客は何が得られるのかを直球で表現した記事タイトル〟とは、どのようなものなのでしょうか。

先に挙げた3つのNGタイトルを修正したものがこちらです。

・京都観光を一生の思い出にする必ず寄るべき名所19選
・牛乳を毎日飲むと得られる9の健康上メリットとは？
・ジムの筋トレ後に自宅でやるべき筋トレ効果を7倍にする方法

これであれば、これらの記事を読むことで、「京都観光を一生の思い出に出来るほどの名所が載っているのか」、「牛乳を毎日飲むと得られる健康上のメリットが9つも載っているのか」、「ジムの筋トレ後に自宅で効果を7倍に出来る方法を知れるのか」といった具合に、記事を読むことで得られるものが直球で伝わりますよね。

こんな感じで、記事タイトルの集客力を最大限に高めるためには、**メリットやベネフィットをぼかさず、とにかく直球で言語化し伝えることを心がける**ようにしてください。

## 良い記事タイトルの要素4
## 具体的な数字を入れて信憑性を高める

コピーライティングをかじったことがある方であれば、よくご存知だと思いますが、**人は、数字を見せられることによって、そこに「具体性」や「信憑性」を感じます。**

特に、「30」や「100」などの綺麗な数字よりも、「27」や「93・7」のような、**不揃いな数字を使った方がより一層その効果は高まります。**

なぜなら、その背景に人は「ストーリー＝真実味」を感じるからです。

百聞は一見に如かず。実際に具体的な数字を盛り込んだ記事タイトルをご覧頂きましょう。次の2つの記事の内、どちらを読んだらゴルフが上達しそうでしょうか。

A「ゴルフ初心者が最速で上達できる練習法」

B「ゴルフ初心者が最速でスコア100切れる7つの練習法」

一目瞭然ですね。圧倒的にBだと思います。

また、不揃いな数字の方がよりその効果が高まるというのは、次のような具合です。

A「たった2つの施策で成約率が2倍になったクロージング術とは?」
B「たった2つの施策で成約率が2・17倍になったクロージング術とは?」

こちらも、Bの方がその数字に理由や背景を感じ、そのことで真実味を帯びますね。
記事タイトルに数字を含められる場合、これらを意識して頂くことで信憑性がより一層高まり、より集客力のある記事タイトルが作れますので、ぜひ覚えておいてください。

## 良い記事タイトルの要素5　結論を伝える

見出しと同じように、**記事タイトルでも、結論を焦らすよりもハッキリと書いてしまった方が、検索結果上でのクリック率が上がる傾向にあります。**
例えば、次のようなタイトル。

「集客力を最大化させる初心者に最もオススメのブログとは」

これでは、記事の中身を読まない限り、結論は分からない状態になっていますよね。

これに対して、結論をハッキリと書いたタイトルとは、次のようなタイトルです。

「集客力を最大化させる初心者に最もオススメのブログはWordPress」

これであれば、タイトルを見ただけで、その記事に書かれている結論が分かりますね。

ただ、ここでおそらく「記事タイトルに結論を書いてしまうと、そこで検索ユーザーの悩みが解決されて、記事にアクセスしてもらえなくなってしまうのでは……?」と、不安に思われた方もいらっしゃるのではないでしょうか。

しかしご安心ください。プロット作りのパートでもお伝えした通り、早い段階で結論を書き検索ニーズを満たしたとしても、それが本当の意味で見込み客のニーズを満たすことにはなりません。むしろ、「それはなぜ?」「WordPressの何が良いの?」「それが本当ならぜひWordPressを使いたいから、しっかり信じさせて欲しい!」といったような、**第2、第3のニーズが表出し、かえってその記事を読みたい衝動に駆られる**ものです。

だからこそ、記事タイトルで結論を言う方が、クリック率が上がる傾向にあるのです。

というわけで、集客力のある魅力的な〝良い記事タイトル〟を作るための5つの要素をお伝えしてきましたが、結局大事なのは、「思わずクリックしたくなるタイトル」を作ることです。

検索エンジンでの集客において、上位に表示しさえすれば成功できると思っている方は多いですが、実はそれだけでは不十分です。

記事タイトルは集客広告文なのだという話をしましたが、単純に上位表示させるだけでなく、**タイトルを見た検索ユーザーが思わずクリックしたくなる、求めている情報がここにこそありそうだと感じるタイトルを作る必要がある**ということです。

検索ユーザーがアクセスしたいと感じるサイトは、検索順位1位になっているサイトではなく、あくまで「ふと、たまたま目にとまったサイト」ですからね。

だからこそ、これら5つの要素を意識して、集客力のある魅力的な良い記事タイトル＝思わず目にとまってしまう記事タイトルを作って頂けたらと思います。

# 44

## 要素❹ おわりに・まとめの書き方

最後は、記事の締め方についてです。

専門メディアの最後は必ず「おわりに」や「まとめ」という見出しを用意して締めくくります。

ただ、**この部分は記事の中で最も重要度が低く、読み手のためというより書き手の都合で設けているパート**と言えます。

なぜなら、ここでの最大の目的は、本章の最初に決めた「メディアの目的」を達成するための〝オファー〟へ、スムーズに移行することだからです。

要は、〝つなぎのパート〟なのです。

「おわりに」は、記事全体を通し、その本質について語る場合や、特に重要となる部分について一言添えたい場合などに用い、「まとめ」は、記事の総括をしたい場合に用います。

記事によって書きやすい方で書いて頂ければ大丈夫ですが、**必ず、サイト訪問者が記事の内容を〝理解できた感〟を感じられたり、〝分かった感〟を感じられたりするように、意識して書く**ようにしてください。

記事本文でも、ＰＲＥＰ法や接続詞を活用したり、図や箇条書きを取り入れたりすることで十分に読み手の理解を促す書き方をしているわけですが、さらにその上で、短く端的に、記事全体のまとめをダメ押しで伝えることによって、サイト訪問者を良い意味で「分かった気にさせる」ことが重要です。

# 45 ブログ記事は「あなたから買いたい！」を植え付ける

あなたも経験されたことがあると思いますが、誰かの説明が分かりやすかったり、文章が読みやすかったりした時、「この人の話はすごく分かりやすい、相性がいいかもしれないな」と感じるものです。

つまり、**専門メディアの読者を「分かった気にさせる」ことが出来れば、それ自体が伏線となり、その後のリスト化や販売という〝オファー〟へと、スムーズに移行できるようになる**というわけです。

もちろん、それは締めくくりのパートだけで実現させるのではなく、あくまでプロット、見出し、本文……と、記事全体を通して実現させるべきものです。

「おわりに・まとめ」は、それが出来た上での、最後のもうひと押し。ほんのスパイス程度だと思ってください。

そして、記事を読み終え、見込み客の検索ニーズがしっかりと満たされた時、他に注意が向くタイミングで「目的」のオファーへ移るわけです。

この時、見込み客があなたの説明の仕方や文章との相性の良さを感じていて、満足度が高いと感じているとすれば、「購入」や「メルマガ登録（プレゼント請求）」などといったオファーの目的が達成される確率は極めて高くなります。

というわけで、記事作成全体を通して無駄なものは一切ありません。**その全てがバランス良く作用し、その結果「集客」という成果をもたらしている**のだということが、お分かり頂けたと思います。

それと、記事が書けたらWordPressの「新規投稿」から記事をアップすることも忘れずにやっておきましょう。

# 46 記事で集めてセルフ広告枠で目的を達成する

さて、ここで「オファー」について気になった方も多いのではないでしょうか。

第2章の冒頭で決めて頂いた「目的」は、商品・サービスの販売、又はリスト化でした。

これらのオファーは一体どこでおこなえば良いのか？と言うと、基本的には記事のすぐ下に「セルフ広告枠」を設けておき、そこから販売用のサイト（以降、販売ページ）やLINE登録用のサイト、メルマガ登録用のサイトなど（以降、リスト取りページ）にアクセスしてもらう形を取ります。

ここの広告枠のことを、以降「オファーボックス」と呼ぶことにしますが、オファーボックスは次のような形で設けておくのがベストです。

もちろん、サイドバーやメニューなどからも販売ページやリスト取りページに飛べるようにすることが多いですが、全体の7割以上のアクセスはオファーボックス経由でのアクセスになるので、まずはここの作り込みを確実丁寧にやっておきましょう。

おわりに
●●に役立つ×××を
無料でプレゼント中!
今すぐ全てを受け取る!➡

47

# 誘導率の高いオファーボックスの作り方

では具体的に、オファーボックスの作り方を解説していきます。
オファーボックスは次の5つの要素で構成されます。

①ヘッドコピー
②価値が伝わりやすい画像
③本文
④誘導文
⑤ボタンリンクコピー

これら5つの要素それぞれのクオリティーを高めていくことで、記事を読んだ直後に販売ページやリスト取りページにアクセスしてもらえる確率が高まっていきます。
それぞれ詳しく解説していきます。

### ①ヘッドコピー

まずは、〝ボタンリンクの先にどんなにお得な情報があるのか？〟を簡潔に言葉にします。無料プレゼントにしろ、商品にしろ、**それが「どんな良いことがある〝何〟なのか」が、あなたの見込み客にしっかりと伝わる必要がある**からです。

具体的には、見込み客の次のような心の声に率直に答えてあげた上で、それらのいくつかを組み合わせることで、分かりやすいヘッドコピーが作りやすくなります。

・私はそれをもらうとor買うと、何が出来るようになるの？
・私はそれをもらうとor買うと、どんなことが起こるの？
・私はそれをもらうとor買うと、現状と何が変わるの？

オファーボックスはサイト訪問者からすれば、記事を読んで検索ニーズが満たされた直後のタイミングで、少しスクロールしてみたら「おや、何か気になる情報が載ってるぞ?」と、不意に発見するようなシチュエーションで見られるものです。

つまり、スクロールで読み飛ばされてしまわないよう、**パッと視界に入ったその一瞬で気を惹く必要がある**のです。

というわけで、記事を読んだ直後に、すぐに気持ちをオファー内容に移してもらうために、まず冒頭のヘッドコピーで、どんなメリットがあるのか? 何がプレゼントor提供されているのか? を分かりやすく訴求しましょう。

また、最終的にヘッドコピーとして完成度を高めるためには、先の「心の声に対する回答」に対し、**次のリストの中からあなたが強みに感じているもののいくつかを組み込んで、オファーボックス内で1~3行程度に収まるよう文章化すると良い**です。

結果のすごさ/期間の短さ・長さ/サービス提供者のすごさ/ボリュームの多さ・少なさ/希少性(市場価値が高い・その業界におけるレアな資格がある等)/お得さ(相場より安い・普段は有料で販売しているor以前は有料で販売していた等)

・【DIY清掃】住宅の三大汚れ場をプロ並み清掃！　門外不出の掃除法を特別に無料で伝授

・【1万組のご夫婦が笑顔に】今日から夫婦関係を改善する特別マニュアルプレゼント

・以前1万円で販売していた通販ビジネスの動画教材を期間限定で無料プレゼント

・食事制限、運動、何をやっても痩せられなかった私がたった1ヶ月で華奢に変われた全貌31日間の日記を公開

具体的には、これくらいシンプルで淡泊なものでOKです。

「え、無料でこんなものもらえるの？　ちょっと気になるな」

「記事もすごく分かりやすくて満足度高かったし、この人（あなた）の情報だったら、けっこう良い情報かもしれないな。見てみたいな」

などなど、オファーボックスの見出しを見た瞬間にこんな気持ちになってもらえるように言語化していきましょう。

## ②価値が伝わりやすい画像

提供するものの価値を視覚化し、より「良さそう！」と感じてもらうことが、オファーボックスの「画像」の目的です。なので、例えば次のような感じです。

・ハウスクリーニング……驚くほど綺麗になったエアコンの画像
・美容液……綺麗な肌の画像
・トレーニング……鍛えられた胸や背中、お尻などの見込み客が食いつきやすい部位の画像
・動画マニュアル……ハイライトのスクリーンショットに再生ボタン画像を合成したもの
・ＰＤＦマニュアル……冊子のイメージ画像や豪華なパッケージイメージ画像

「価値」や「成果」「未来」など、目に見えないものを〝目に見える形〟にして示すことで、**見込み客の「手に入れたい」という欲求を起こさせる意識で選ぶと良い**でしょう。

### ③ 本文

「（買うにしろ、もらうにしろ）結局のところ何が手に入るのか？」

「それを手にすることによって、自分はどうなれるのか？」
「その結果、どんな風に生活が変わるのか？」
といった部分を、できるだけ具体的に想像させてあげましょう。

というのも、人間の脳は一度頭の中でイメージしてしまったものは、無意識の内に「もう手に入ったものだ」と錯覚する性質があります。

そしてその〝手に入ったと錯覚したもの〟が魅力的な世界であればあるほど、それをまだ手に入れていない今の現実を変えたいと思うようになります。

つまり、**もらえるものや得られる未来を具体的にイメージさせることで、〝あなたのオファーに乗っかりたい〟と思わせることが出来る**わけです。

これを文章で書いても良いですが、サクッとインスタントにイメージさせるためには、**箇条書きで羅列しておくのがオススメ**です。

**④ 誘導文**

営業活動における全ての行動喚起は、「言葉」にする必要があります。

「ここを今すぐにタップして次のページを見てください」

「ここにある赤枠の欄に名前とメールアドレスを入力してください」

「こちらに申し込むと5％OFFになるので、この2枚の用紙のこの枠とこの枠に必要事項をこの場で記入してください。ペンはこちらを使ってください」

などなど、アクションさせるための具体的な言葉が最後には必要です。


見込み客の多くは、サービス提供者側が想像しているよりも10倍怠惰で、10倍受動的で、10倍想像力を働かせていないと思っておいた方が良いです。そしてだからこそ、このように**言葉にして具体的に伝えなければ〝何をすれば良いのか〟が分からない**のです。

ゆえに〝次に取って欲しいアクション〟を、具体的な言葉にして伝えるようにします。


例えば、先の「③本文」で書いたものが「プレゼントの内容」だったのであれば、「下記ボタンを今すぐクリックし請求してください。3秒後には上記全てが受け取れます」という感じで伝えればOKですし、「魅力的な未来や変化」を想像させたのであれば、「これらを、あなたも今日からすぐに目指すことが可能です。１つでも興味がある場合には、今すぐに下記ボタンをクリックして詳細をチェックしてみてください」

という感じで書いておけばＯＫです。

### ⑤ボタンリンクコピー

「ボタンリンクコピー」とは、ボタンの上に重ねて表示させた文言のことです。

リンクをクリックする直前、**最後の最後に背中を押すための一言を、このボタンリンクコピーに書きます。**

ここの文言の狙いは、〝黙読によるコミット〟です。

例えば、海外のマーケティングを学んだことがある方ならばお馴染みの、

「はい！　私は１００本の動画を全て無料で受け取れ、たったの５００円を追加するだけでもう１００本の合計２００本の動画が受け取れることを理解しました！　↓チェックボックス」といった確認項目が、申込みフォームなどにあるのをご存知かと思います。

あの目的は、文字通りの「確認」ではなく、**極めて重要なメリットを再度まとめて読ませることで、見込み客に「こんなに良いものだぞ」ということを突きつける**ことですね。

ボタンリンクのコピーも、まさにあれと同じ効果を狙っています。
したがって、次のような感じの文言を書いておくと良いでしょう。

「今すぐ門外不出の掃除マニュアルをＤＬする」
「今すぐ瘦せ率87・7％の方法を知ってみる」
「1万名を笑顔にした夫婦改善術を今すぐ試してみる」
「全て無料なので、とりあえずもらっておく」

このような感じで、あなたのプレゼントの魅力や、お得さ、すごさをあらためて一言でまとめて書いておくようにしましょう。

オファーボックスは、各文章をあまり長くし過ぎてしまうと、かえって読まれず離脱を生むことになってしまいますので、サクッとボタンリンクをクリックしてもらえるように**あくまで簡潔にまとめていきましょう。**

なお、商品販売の場合は金額や商品の形態、内容によって大きく成約率が変わってきますが、**リスト化の最初の目標としては「専門メディアの月間ユニークアクセス数」の1％**

**がメルマガに登録、もしくは公式ＬＩＮＥへの登録なら２％を目指すと良い**です。

つまり、毎日１０００人が専門メディアに訪れてくれるようになるだけで、メルマガなら毎日10名前後、公式ＬＩＮＥなら毎日20名前後のニーズドンピシャな濃い見込み客が勝手に集まるようになるというわけです。この数を集められれば、月50万円〜１００万円くらいの収益は安定して上げられるようになります。

本書では集客にフォーカスしているため、より詳しいオファーボックスの作り方やリスト取りページのテンプレートについてはこちらのリンクからダウンロード出来るようにしました。興味があればぜひどうぞ（https://wm3.jp/book-temp.html）。

というわけで、記事の書き方とその後に控えるオファーのやり方についてお伝えしましたが、**兎にも角にもまずは実際に記事を書いてみなければ始まりません**。

アウトプットの前にインプットをすることはとても大事なことですが、途中で一度アウトプットを挟まなければ、見えないもの、理解できないものが必ず出てきます。

だからこそ、まずは一通り本書を読みながら実践してみて頂き、その上で１つずつ細部まで手を抜かずに実践できるようになって頂ければと思います。

*PART 4*

# 記事を投稿してからが本当のスタート

# 48

# 検索結果に記事を表示させるには？

ここまでで、あなたもニーズ先行型集客用の記事を書き、WordPressにアップロードするところまで出来るようになりました。この時点で、世界中の誰もがあなたの記事にアクセスして閲覧することが可能になった状態です。

つまり、いよいよ専門メディアの運用がスタートしたというわけですね。

ただ、WordPressに記事をアップしても、すぐに検索結果に表示されるようになるわけではありません。

**見込み客がGoogleで検索し、その検索結果にあなたのサイトが表示されるようになる**

**ためには、Googleのクローラーにあなたの専門メディアを発見してもらい、記事の情報を検索エンジンの索引に登録（インデックス）してもらう必要がある**のです。

実際、Googleのクローラーがどんな感じでサイトの情報をインデックスしているのかと言うと、発見したページ（トップページとは限らない）のＨＴＭＬデーターや文章のデーター、画像データーなどを根こそぎ収集し、Googleに持ち帰るわけです。

そして、見つけたページのリンクを辿りながら、他にどんなページがあるのか等、調査先を広げていきます。

この時、リンクが貼られていないページがあったり、質の低いページがあったりすると、辿ってはくれているもののインデックス処理はしてくれない、ということも出てきます。

逆に、**検索ニーズをしっかりとキャッチしている質の高いページの場合は、Googleが求めているページですので、インデックスまでのスピードも早くなる傾向にあります。**

# 49

# 記事アップからどれくらいで検索結果に出てくるか？

新規で立ち上げたサイトの場合、インデックスされるまでにどれくらいかかるのかと言うと、コロナ以降遅くなっていて、半年近くかかることも増えました。

ただ、Googleの公式でも言われていることですが、**検索ニーズをしっかりとキャッチできている記事＝品質の高い記事であれば、インデックスが早くなる傾向にあります。**

もちろん、他にも遅くなっている要因は色々とあるようですが、それはGoogleのみぞ知るところ。

なので、あくまで理想のアクションとしては、アップした記事が検索結果に表示されているかどうかなど一旦忘れてしまって、**とにかくスタートから半年間は、少しでも質の高い記事を、1記事でも多く書くことだけを考えて更新していく姿勢がベスト**です。

なぜなら、その手の確認作業が、最も結果が出るまでのスピードを低下させるアクションだからです。

私も経験があります。

私は、2010年に「アフィリエイト」を副業で開始したのが、インターネットマーケティングに参入したきっかけでした。

当時、まだ本当に成果が上がるのかも半信半疑のまま、書籍を読みながら取り組んでみたわけですが、日々、「今日はアクセス来たかな?」「まだ何も売れていないかな?」なんて、確認しに行っていました。

アフィリエイトの報酬ページやGoogleサーチコンソールのアクセス解析ページなんて、もう半年の間に1万回以上は見に行っていたはずです。

では、1回の確認が10秒で出来るとしましょうか。

ということは、10秒×10,000回=27時間ですね。

当時会社が終わってから夜中の3時まで、寝る間も惜しんで毎日取り組んでいたので、これを計算した時はその無駄さに気絶しそうになりました。

ただちょっと気になったから覗いてみよう。ただ何となく不安を解消したいからページを見に行ってみよう。そんな**目的のない確認作業が、いかにあなたの貴重な時間を無駄にするものなのかがよく分かる**と思います。

たとえインデックスに半年かかろうが、意外に早く1ヶ月でされようが、そもそもインデックスの仕組みなど知らなかろうが、質の高い記事をどんどん書いてアップし続けていれば、そのうち勝手にクローラーはやってきて、いつの間にか勝手にインデックスされて、検索結果に表示されるようになって、勝手に見込み客が集まってくるようになります。

本書で解説しているやり方で、見込み客のニーズをキャッチした質の高い記事を書いていれば、必ずです。

# 50

# 月間何記事を目標にアップすれば良いか？

やはり何をするにしても、目標が定められている方がアクションしやすいと思います。

というわけで、記事の更新ペースの目標をお伝えしますが、**理想は1日1記事**です。

ただし、検索キーワードが持つニーズを掘り下げたり、そのニーズに最適なプロットを考えたり、競合の記事をリサーチしたりなどなど、本書でお伝えしたやり方で記事を書くのは、とても時間がかかります。

最初は、どんなに早くても1記事8時間はかかると思ってください。

なので、**まずは月間10記事更新を必達のタスクとして、アップしていく**ようにしてください。**3日に1記事**ですね。

特に、初めてクローラーがサイトを見に来てくれた際、記事が数記事しか入っていないと、1、2記事程度インデックスするだけですぐに去ってしまう可能性があります。そうなると、せっかく質の良い記事を用意していたとしても、そもそも見てさえもらえない可能性もあります。

逆に、更新頻度が高かったり多くの記事が入っていたりすると、クローラーが見るページの数が多くなり、その後の巡回頻度も高まる傾向にあります。

というわけで最初の半年間は、インデックスされているかを気にしている暇があるなら、まずは月間10記事、もっと行けそうであれば月間20記事アップするために時間を使っていくようにしましょう。

# 51 サーチコンソールでアクセスデータを把握しよう

ここでアクセス解析についてお伝えします。本来重要な「アクセス解析」の話題をこんなにも後で取り上げている理由は、**最初はアクセスなど気にせず、とにかく記事作成に没頭して欲しい**からです。

とは言え、アクセスを計測しておかなければ、クローラーや見込み客が流入したことも分かりませんので、しっかりチェックできる状態にしておく必要はあります。

専門メディアのアクセスは、「Googleサーチコンソール」と「Googleアナリティクス」の2つを使っていきます。2つとも無料で利用することが出来ます。

もちろん、他にも有料で販売されているツールや簡易なツールなど様々ありますが、**検**

**索エンジンがGoogleのものであることを考えれば、Googleが提供しているものを使うに越したことはない**ですよね。

この2つのツールはそれぞれ、次のような違いがあります。

・Googleサーチコンソール ……サイトに流入する〝前〟のユーザーアクション解析
・Googleアナリティクス ……サイトに流入した〝後〟のユーザーアクション解析

この2つは連携させることが可能なので、**基本的には連携して使っていきます。**ただ、流入キーワードや、その検索数、順位などの数値はサーチコンソールだけでチェックすることが可能なので、**ひとまずアクセスが来るようになるまでは、サーチコンソールだけ設置しておけばOK**です。

なお、Googleのサービスは、登録の手順や管理画面の使い方が頻繁に変わります。なので、詳しい設置方法などについては、図解で解説してくれているサイトが沢山ありますから、その都度あなたの分かりやすいものを見ながら実施すると良いでしょう。

52

# 50記事用意出来たらライバルサイトと比較しよう

少し先の話になりますが、専門メディアに50記事ほど記事が揃った時点で、すでに検索結果に表示されている記事が出てきているようであれば、ぜひ始めて頂きたいことがあります。

それが、**ライバルサイトとあなたの記事を比較し、あなたの記事を改善する**ことです。

というのも、Googleが検索エンジンの上位に表示させているサイトというのは、ある意味Googleから「このサイトは検索ユーザーのニーズをキャッチ出来ているよ」とお墨付きをもらっているサイトだと言えますよね。

つまり、**あなたの記事よりも上位に表示されているライバル記事があるとしたら、そこには必ず、あなたの記事よりも上位表示できている理由が隠されている**ということです。

ということは、**それを見つけ出すことが出来れば、あなたの記事をより良いものにアップデートし、ライバルの記事より上位表示させられる可能性が出てくる**ということが分かります。そして実は、ライバルサイトよりも検索上位になるための条件を言語化すると意外とシンプルです。

1. 自分より上位にいるサイトに負けている部分を極限まで減らすこと
2. その上で、＋αを加えて一歩リードすること

この2つを満たすことが出来れば、理論上はライバルサイトに勝つことが可能です。

もちろん実際の結果はGoogleのみぞ知るですが、この方法でぐんぐん検索順位を上げることが出来た事例も沢山ありますから、次の2つを押さえた上で実践してみてください。

## 比較改善ポイント1 上位サイトの多くにあり自分の記事にはないトピックをなくす

まず見るべきは、ライバル記事の「プロット」です。
どんな見出しがどんな順番で書かれていて、それぞれにどんな内容が書かれているか？

を記事全体の流れを意識しながら見ていきます。

その中で、狙った複合キーワードに対し、ライバルサイトはどのようなニーズがあると解釈し、その結果どんなトピックを盛り込んでいるのか？　などを読み取っていきます。

この時、ライバルサイトの検索ニーズの解釈と、当初あなたが思っていた検索ニーズの解釈が「違うな」と感じることもあると思います。

例えば、「車　自分で修理」というキーワードがあったとしましょう。

あなたは、このキーワードのニーズを「ボディの凹みの直し方」だと解釈し、そのやり方をまとめたとします。

しかし、その後上位サイトを調べてみたら、そのほとんどが「飛び石によるガラス傷の直し方」についてまとめたものだったとしたら……？

これは、「検索ニーズの解釈が間違っていたのかもしれないな」と、考えることが出来るわけですね。もちろんこのパターンであれば、「ボディ凹みの直し方の記事」はそのまま置いておいて、新たに「ガラス傷の直し方」の記事を用意した方が良いですけどね。

ともあれ、こういった〝ニーズ解釈の違い〟を発見出来れば、ゴールは近いです。**より上位に表示されている記事は、高確率でニーズの解釈とその満たし方が〝検索ユーザーの検索意図と合致している〟がゆえに上位表示されています。**ということは、あとはそのギャップを埋めていくだけで、一層質の高い記事にしていけるというわけですね。

## 比較改善ポイント2 上位サイトにも載っていないプラスα要素を盛り込む

先のギャップを埋めていくことでより質の高い記事にはなります。ですが、それでは上位サイトと同等の価値、もしくは少し低い価値に位置づけられるだけ。なので、例えば次のようなプラスα要素を盛り込む必要があります。

- やり方説明の記事に、写真や図が多く使われていて分かりやすい
- ノウハウ解説の記事に、検証したデーターが多く盛り込まれていて信頼できる
- 実際に寄せられた質問に対する回答が沢山載っていて安心できる
- 体験談が多く掲載されていてイメージしやすい
- 本来なら有料で提供されていそうなノウハウまで提供してくれている　etc……

ここでは一般的に当てはまるようなものしか挙げていませんが、あなたの事業にしか当てはまらないプラスα要素がおそらくあると思います。

ここで立ち返るべきが、第2章で決めた〝メディアのミッション〟です。あの中で、「見込み客にその人生を実現してもらうために、あなたがこれから作るメディアは、競合サイトと比べた時に何を（どこを）優れさせたいか？」という質問に対し答えを出して頂きましたね。

あの**ミッションをベースに、今一度、あなたのメディアのどこを強みとすれば良いのか？ 何が強みに出来るのか？ を考え、盛り込むようにしてください。**

なお、これらを「50記事揃ってから」と言っているのは、記事が少ないうちは、1つの記事に固執するよりもまず数を増やして、サイトの力を増強させて欲しいからです。

最初の方に作成した記事には愛着が湧くもので、いつまで経っても最初に書いた数記事の手直しばかりを続けていて、なかなか記事数を増やせないパターンに陥ってしまう方も沢山見て来ました。しかしそれでは絶対に得たい結果は得られません。

目的を見失わず、優先順位の高い〝やるべきこと〟から取り組んでいきましょう。

# 53

# あなたの主張と相反する検索キーワードの捌き方

例えば、あなたが花屋を営んでいるとすれば、当然「花」という商品に対してポジティブな気持ちを持っていると思います。見込み客にも「花を好きでいて欲しい」「贈る花をワクワクしながら選んで欲しい」といった、ポジティブな気持ちを期待すると思います。

では、「花 嫌い 女」や、「花 プレゼント 迷惑」といった、あなたの主張と相反するようなネガティブなキーワードで検索している人たちのことをどう思うでしょうか。

「花が嫌いな人なんて、そもそも見込み客にはならないから、それらのキーワードで記事を書く必要はない」と、そう考えるでしょうか。

他の事業でもいくらでもありますね。

「整形　失敗」「クリーニング　破れ」「住宅　欠陥」「アウトソーシング　やめとけ」な

など、全ての事業でこういったネガティブな検索キーワードが存在します。

しかし、これらのネガティブなキーワードでも、ぜひ記事を書いて頂きたいです。

なぜかと言うと、先のような理由から**記事にすることを避ける人が多い分、メディア立ち上げ初期の頃でも上位表示しやすい**からです。


では、「記事」にする上で、どのように捌けば良いのでしょうか？

まず、念頭に置いておかなければいけないのは、少なくとも彼ら彼女らは、**真実を知りたくて検索をしている**のだということです。


例えば、「エステ 悪化」というキーワードで言えば、「絶対にエステなんてありえない！」と思っている人は、検索アクション自体をしないですよね。この検索ユーザーはおそらく、エステには興味があって、だけど失敗するのが怖かったり、不安があったりするからこそ検索をして、真実に辿り着こうとしているわけです。

ただ、その根っこにある思いがネガティブ寄りになっているがゆえに「エステ 効果」などのポジティブなキーワードでの検索ではなく「エステ 悪化」というネガティブなキーワードでの検索になっているというだけです。要は、ちゃんと調べた上で、悪化する可能性が低いのであればエステには興味がある。むしろやってみたい！といった具合に、少なからず興味を持っているから「検索」というアクションを取っているわけですね。

つまり、**あなたがメッセージを届けるべき相手は、そういった謙虚な気持ちを持っていて、まだ知識や情報によっては考えを変える柔軟性を持っている方**です。

そのような方には、次のような流れであなたの主張を伝えていくのがベストです。

例として、先の「エステ 悪化」というキーワードで記事を書く場合を考えてみます。

まずは、キーワードの顕在ニーズ通り、「エステを受けて悪化した事例や状況、実際に悪化した時どうすれば良いか」などを解説していきます。

最初は兎にも角にも顕在ニーズを満たしてあげる必要がありますからね。

「花 プレゼント ダサい」と検索した人に対しては、「はい。実際にダサいことがあって、それはこんな状況の時です」といった話題からスタートした方が良いですし、「整形 モテなくなった」と検索する人に対しては、「本当にモテなくなることがありますよ。それはこんな場合の時です」という話題からスタートするべきだということです。

**検索ニーズに対し否定から入ってはいけません。**

否定から入ると嫌われるのは、普段の他者とのコミュニケーションでも同じですよね。

なので、とにかく最初は、「あなたの思いはよく分かります。実際その通りなんですよ」ということを、実際のデーターや体験を通して伝えてあげるようにします。

ただ、そうやってネガティブな部分も伝えはしますが、「だからエステはオススメできません……」と結ぶのではなく、**最終的に伝えるのは、あなたの主張通りのメッセージ。**

例えば、「実際にはエステでは多くの対策をしていてリスクは低いんだよ」といった、ポジティブなメッセージへと変換させるための情報を伝えていくわけですね。

もちろん、ネガティブな考えをどうしても変えられない人たちも必ず出てきます。が、そういった人たちは、あなたが関わるべき人たちではありません。

なので、無理に考えを変えさせようとするのではなく、**あなたの言葉や情報を受け入れる準備が出来ている方だけに伝われば良いと考えて記事を書いていく**ようにしてください。

54

# 閲覧数の多さは売上の高さに直結しない

本書でお伝えした方法で記事を増やしていくことで、徐々にアクセスは伸びて来ます。しかし、事業の種類や専門メディアの切り口によっては、思ったほどアクセスが集まらないこともあるでしょう。そして、大きく期待していた分それに落胆し、そのまま専門メディアの運営をやめてしまう方も多いです。

特に、本書の冒頭でもお伝えしたように、ＳＮＳが広まったことにより「フォロワー」や「いいね」のような可視化されたリアクションに慣れ、バズりを日常的に目にするようになったことで、〝数十万や数百万〟などと数字の基準値ばかりがインフレしてしまい、本当はものすごく順調であるにもかかわらず、勝手に落胆してしまう方も少なくありません。根拠のない何となくの〝数字の基準〟に踊らされてしまっているわけですね。

現代は、質より数に目が向きやすい傾向にあります。これは、ある程度仕方がない側面はあります。しかし、**ニーズ先行型集客の場合、売上に響いてくるのは、圧倒的に数よりも〝質〟**です。

例えば、数重視のメディアとしては、「芸能ネタを扱っているニュースブログ」があります。月間100万PV（ページビュー）ある芸能ニュースブログと、月間1万PVしかない専門メディアだったら、どちらの方が稼げると思いますか？

まあ、ここでこの話題を出す時点で答えは出ていますね。

答えは、月間1万PVしかない「専門メディア」です。こちらの方が2倍〜5倍稼ぐポテンシャルがあります。

PV数は、芸能ネタブログの100分の1しかないのに、です。

なぜこんなにも開きが出るのかと言うと、芸能ニュースブログの目的は「1クリックあたり○円」というクリック課金型広告での収益化であるのに対し、**専門メディアの目的は「商品の販売」での収益化**だからです。

55

# 弱小メディアでも月間50〜100万円の収益化が可能

ブログでのPV課金型の広告収益は、月間100万PVだと30万円〜多くて50万円くらいの収益にしかなりません。

しかし専門メディアの場合、例えばリスト化を目的としていたとすると、**1万PVに対して約0・5%〜1%程度の方が、LINEやメルマガに登録してくれる傾向にあります。**

ここは間を取って75名の方が登録してくれたとしましょう。

この75名の方に対し、LINEやメルマガで価値観のすり合わせをし、最終的にメルマガやオンライン会議ツールなどを使ってクロージングをおこなったとしましょう。

すると、やり方や商品にもよりますが、15万円ぐらいの商品であれば成約率を10%〜30%ほどに安定させることは可能です。

成約率を15％として計算すると、月間168万円ほどの収益になります。

つまり、たとえ商品単価が5万円であっても、あるいは成約率が5％くらいしか出なくとも、**月間50万円くらいの収益を上げられる可能性は高い**というわけです。

ただし、これは、サイトに訪れるユーザーの〝質が高いこと〟が大前提です。

ユーザーの〝質が高い〟とは、あなたのメディアやサービスが提供できる「価値」とユーザーの求めている「ニーズ」が、マッチしているということです。

ということはつまり、本書の解説通りに専門メディアを立ち上げ、検索ニーズを深く理解し、そのニーズをキャッチした満足度の高い記事を書く方法を知ったあなたは、現時点ですでにこの大前提はクリアー出来ているというわけですね。

つまり、あとは実際にあなたの専門メディアが検索エンジンに露出し、アクセスを呼び込むことが出来るようになれば、先のような**収益化が現実的に達成可能になっていく**ということです。

もちろん、本書でお伝えしてきたこの方法は、決して、夢や幻想を見せる魔法のような方法でも、非道徳的な手段でも何でもなく、見込み客と真摯に向き合い、彼ら彼女らのニーズを全力で満たすことを考える、真っ当でド直球なビジネスの取り組みです。

ですから、実践を開始して1ヶ月や2ヶ月そこらで、先のような結果が出るような性質のものではありません。

検索エンジンにインデックスされるまでのスピードが落ちているという話もしましたが、少なくとも半年から1年間は、どれだけ時間と労力を投入したところで、あなたの目に見える形では何も結果が出てこないと思います。

しかし、それでも気持ちをブラすことなく、実践を継続して頂く必要があります。

あなたが愚直に見込み客のニーズと向き合い、**質の高い記事を積み上げていけば、水面下ではちゃんとその〝結果の種〟が着々と植えられ、育っていきます。**

そしてある日突然、それが〝目に見える結果〟として、集客や売上という形で噴出する日がやってきます。

56

# 今ではなく、未来に、そして可能性に目を向けよう

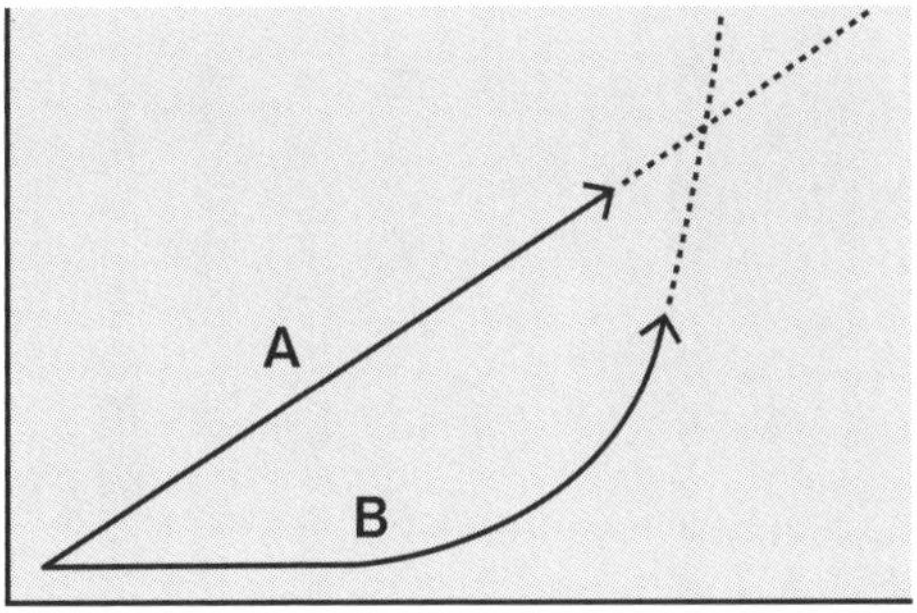


逆アーチ形を描く「成長曲線」の話は、あなたもよくご存知だと思います。

多くの人は、現状からの延長線上に未来があると考えていて、目標に向けて努力をしたり何かに取り組んだりした時には、順当に行けば図のAのように結果が出ていくと予想しがちです。しかし、実際にはBのように、最初はサッパリ結果が出ません。

つまり、予想していた結果（A）と現実の結果（B）のあまりにも大きなギャップに、自らの取り組みを疑う心が生まれ、他に目が向いたり心が折れたりして、結局は挫折してしまう人が後を絶たないのです。

しかし、**その段階で挫折してしまうのが、実は一番もったいない**です。

成長曲線のその先を見れば分かるように、ある時を境に急激にグラフは上昇し、予想をはるかに上回る成果を出せる未来が、ほんの少し先に待っているからです。

実際、偉人の伝記や自己啓発書などを見てみれば、この手の話が様々な表現で本当に沢山書かれているのをご覧になったことがあると思います。


最初は下りのエスカレーターを登るように常に歩き続けなければいけないが、やがて平地を歩くように進めるようになり、最後は上りのエスカレーターに乗っているように、少し歩くだけでグングン進み、たとえ立ち止まろうとも勝手に進んでいくようになる。

結果は、水を注いだバケツを外から眺めるのと似ている。最初は水を注いだところで全くバケツの状況は変わらず、その変化は当然目に見えないが、いつか変わることを信じ注ぎ続ければ、やがて水は溢れ出し、注げば注ぐだけ変化を目の当たりにすることが出来る。

**そして一度それを目の当たりにした者は、以降努力を疑うことがなくなる。**

人は、自身の取ったアクションによって何かしらの変化が表れないと、すぐに不安になってしまうものです。しかし、それは**目に見えていないだけで、水面下では確かに蓄積されていっている**のです。

そして、ある瞬間にそれは一気に溢れ出し、ようやくその変化の大きさを五感でとらえることが出来るようになります。

専門メディアの構築はもちろんですが、あらゆる学習も、技術の習得も、あなたの事業の状況も、趣味の上達も、人との関わりや信頼関係も、子供の成長も、ありとあらゆるものがこの経過を辿ります。

あなたには今日から専門メディアを立ち上げ、ウェブ上からニーズドンピシャな見込み客を永続的に集客し続けられる仕組みづくりを開始して頂きますが、目に映る近視眼的なもので一喜一憂するのではなく、その先のまだ見ぬワクワクできる未来に、そしてその可能性に、目を向けて欲しいと思います。

## おわりに

私が起業してから今年で12年が経ちますが、その間に、マーケティングの設計から、商品企画開発、制作、集客企画、メディア制作、広告、セールス、決済、商品提供とアフターフォロー、アップセルまで、「ビジネスを0から始めてお金を稼ぐ」ということの、文字通り0から100まで一通りを経験してきました。

失敗も成功も沢山ありますが、その中で、どんな状況からでもビジネスを0から急速に軌道に乗せるために最も重要なものが分かりました。

ここまで読み進めてくださったあなたのことですから、もうお分かりですよね。

そう、「ニーズ」です。

自分の売りたいものを売りたい形で売ろうとすると儲からず、ニーズがあるものを求められている形で売ろうとすれば、自然と儲かります。

集客も、商品企画も、セールスも、全てはニーズに始まりニーズに終わります。

まずは見込み客のニーズをしっかりとキャッチした上で、見込み客に「この商品こそ、私が求めていた商品だ！」と分かるように、そう気づかせてあげられるように、伝わるセールスコピーを書くことで、オンラインだけでも盤石なビジネスの仕組みは作ることが出来ます。あとは、ストーリーも大事ですね……と、最も大事なことと言いつつ色々と出てきてしまいますが、とにかくニーズは何物にも優先されます。ビジネスの〝命〟です。

コピーライティングの世界には、商品の販売ページを作る際、「その商品のことを〝全く知らない人に書いてもらう〟」という手法があります。

なぜなら、世の中が最も求めているものは、「こんなのあったら良いな」という〝夢〟であり〝希望〟だからです。

商品開発者は、そして営業マンは、良くも悪くも「出来ること、出来ないこと」を把握し、それを受け入れてしまっています。

それゆえに、メッセージが小さくまとまりすぎてしまうことが多いのです。

しかし、もしあなたの手元に、四次元ポケットがあったとしたら、それを売ることにワクワクしませんか。

あんなことも出来るよ。こんなことも出来るよ。こんな人に使って欲しい。それによってこんなに幸せな気分になってくれたら良いな。それによって、世の中がこんなふうになってくれたら良いな――！ こんな感じで、夢が大きく膨らむと思います。

これと同じで、ビジネスは本来、どんな業種、どんな商品であれ〝「顧客のニーズを叶える」という価値〟を売っているはずです。

あなたのライバルは、ディズニーランドであり、大ヒット映画であり、ワールドカップであり、アイドルのコンサートであり、宇宙旅行であるはずです。

有名な2人のレンガ職人の話がありますよね。

ある日、「あなたは何をやっているのか？」と旅人に聞かれ、1人の職人は「毎日レンガを積んでいるだけだ。本当に嫌になるよ」と答えた。

しかしもう1人は「俺は歴史に残る大聖堂を造っているんだ！ 俺のやったことでこの

町の人たちが悲しみを取り払い幸せになれるなんて、こんなにやりがいのある仕事はないよ！」と答えた。というお話です。

事業活動において、あなたのビジネスや価値は必ず言葉で定義づけをしなければ相手に伝わりません。しかし、言葉にしたことで価値が限定され、満たすことの出来るニーズまで限定され、あなたのビジネスの可能性が狭まってしまうとしたら、それはとてももったいないことだと思います。

どうせならば、あなたの事業をより一層広げられる定義づけをし、満たせるニーズを拡大し続けていって欲しいと思います。

そして、そんな素晴らしく尊い「ビジネス」というものの全ての始まりは、集客です。

ぜひ本書を通じてあなたのビジネスの発展はもちろん、そこからあなたの商品・サービスによって、より多くの人が笑顔になり、幸福になることを願っています。

丹　洋介

**丹 洋介**（たん・ようすけ）

株式会社バインドエッジ代表取締役
自動集客システム構築プロデューサー

2010年1月、サラリーマンのままウェブを使ってビジネスを開始。創業から1年後、初任給の2倍を稼げるようになったことで独立。ブログを使うことで、自社の商品を買う可能性が高い“ニーズドンピシャな見込み客”だけを狙い撃ちで集める自動集客の仕組みの作り方を確立。現在は、公式LINEの友達を毎月自動で1,100名以上コンスタントに増やしたり、利益率96.4％の商品を単月で1,000万円以上売り上げたり、月間3万PV程度の弱小ブログからも月500万円以上売り上げたりするなどの実績を上げている。また、その手法をオンライン講座やコンサルティングを通じて教え、受講者数は3,000名超、事業立ち上げから半年で月100万円以上の売上が立つようになった受講者が続出している。

**ブログ集客《しゅうきゃく》の仕組《しく》みづくり**

2023年8月2日　初版発行
2023年9月25日　2刷発行

著　者　丹　洋介
発行者　和田智明
発行所　株式会社　ぱる出版

〒160-0011　東京都新宿区若葉1-9-16
03(3353)2835－代表　03(3353)2826－FAX
03(3353)3679－編集
振替　東京　00100-3-131586
印刷・製本　中央精版印刷(株)



ISBN978-4-8272-1393-5　C0034